金林文史杂记

谢卓伟 编著

端州历史文化

暨南大学出版社
JINAN UNIVERSITY PRESS

中国·广州

图书在版编目（CIP）数据

金林文史杂记/ 谢卓伟编著. —广州：暨南大学出版社，2019.7
ISBN 978 - 7 - 5668 - 2632 - 9

Ⅰ.①金…　Ⅱ.①谢…　Ⅲ.①村落文化—文化史—德庆县　Ⅳ.①K296.55

中国版本图书馆 CIP 数据核字（2019）第 124843 号

金林文史杂记
JINLIN WENSHI ZAJI

编著者：谢卓伟

··

出 版 人：徐义雄
责任编辑：刘碧坚　朱良红
责任校对：林　琼
责任印制：汤慧君　周一丹

出版发行：暨南大学出版社（510630）
电　　话：总编室（8620）85221601
　　　　　营销部（8620）85225284　85228291　85228292（邮购）
传　　真：(8620) 85221583（办公室）　85223774（营销部）
网　　址：http://www.jnupress.com
排　　版：广州尚文数码科技有限公司
印　　刷：佛山市浩文彩色印刷有限公司
开　　本：787mm×960mm　1/16
印　　张：13.5
字　　数：260 千
版　　次：2019 年 7 月第 1 版
印　　次：2019 年 7 月第 1 次
定　　价：58.00 元

序　言

　　历史研究，旨于抉发隐微，使史实真相得椽笔而发潜阐幽，复其光彩，以补史阙，以裨后人追念与镜鉴未来，而欲臻此目的。

　　广搜历史文献，以备征稽考之据。纵然史料散佚，断简残篇，搜罗匪易，而实地考察，采访咨询于乡老耆英，却不失为补救途径之一。虽云掌故、巷说街谈多有所不实或其疑信，欲予考献征信则不易，然或个中不无蛛丝马迹之遗可供探索，或因而偶知古迹之讯息，得睹幸存文物载体，若碑铭、谱牒、方志等类，未尝不可以供治史取资者。

　　楚坚因究宋季大司马江璆，以其相关文献史料之淹没，尝于旁搜博采之余，多次征访于德庆及县西北隅之金林。以江璆籍在金林故，故尤冀金林有《乡志》类，故特重十种方向之访：一是地理方面之位置与地域、地质土壤、山川水文、气候、物产；二是开发聚落方面之原居民、移民融入与拓垦及其历代发展；三是政治沿革方面之乡治古今、一般行政、户政、警政；四是社会方面之宗族、人口、宗教、礼俗；五是经济方面之农业、水利、财赋、实业、交通；六是文教方面之学校、社会教育；七是大事方面之兵防、战争、盗乱、灾祸；八是文化方面之名胜古迹、寺观、墓冢、金石碑刻、戏剧、音乐、诗文著作；九是人物方面之乡贤、宦绩、寓士；十是丛谈方面之掌故、杂说、外编等。

　　可惜，访知素无《志》，仅得其先民筚路蓝缕、垦荒拓地而发展其地为德庆四乡之一。其乡村史悠久：清·光绪《德庆州志》载云："端溪俚人岑斑，于此遇一珠，径寸，夜光照灼，有如白日。"（《舆地纪胜》按：《寰宇记》作"遇于金林山"，互详"大雾山下"）又《太平寰宇记》云："康州端溪县金林山，一名思金山。俚人有岑斑者，入山采伐，遇一宝珠，圆径寸。始以为石，遂以归……"

　　由此可知，金林建村可推算至南朝之前，即有1 700年以上。再者，南北朝（420—589年）刘裕篡东晋建立南朝宋之始，至公元589年，隋灭南朝陈为止，该时期上承东晋五胡十六国，下接隋朝。清·光绪《德庆州志》

载"隋末金林安仁里（今马圩诰赠）人陈頵起兵随百粤领袖冼夫人之孙冯盎归唐平乱，以定一方之安宁"之史实，距今亦有1 380余年。

获睹肇筑于宋中叶而现存明清二代之丽先、应业、清轩、金波、他民、松岩、心亭陈公祠，及芝苑、协一书舍九座古建筑及重修之盛大谢公祠，与及所遗存碑记，稍知其建筑特色、历史、艺术；复得游千年古刹慈祥寺于西山遗址及观其所遗文物、"寿"字碑与石龟等；复往参观庆安宫龙母行祠及关帝庙之外貌；步观金林、高清、清轩三口古井，孔家巷，金林古城墙残存实体；且获闻农历五月十三日风俗有关帝诞庙会之"岭头圩"盛会等，然于金林历史文化之实质建设与整体发展尚诸多无所得，人与事疑信相参，无文可征，慨叹不已！

日者，偶于德庆县城中遇友人谢卓伟先生，说及访事，始知其为金林人，于是其以耆宿忆述，对金林之典章文物，先民迁徙聚落、民风、礼俗、宗教诸人文娓娓道来，于我若空谷跫音，获益匪浅，尤珍其所贻《宋殿中侍御史（谢文晏）墓刻》影印本。

氏于茶茗之余，取其文稿多篇以示，其内容为逐一细腻介绍金林多不为外人所知之掌故、艺文等，惟篇各出不同篇幅，长短不一，亦未作章节之分，或文虽独立而言，记录、统计却偏于行文而迄无科学注明出典为依据，私为之憾焉。

诚然于此当可供后人窥金林千余年来地理、人文暨历史及空间聚落发展变迁之辙迹，为来者开拓研究或修撰正式乡史村志之参考资源，亦可供今之居民闲来欣赏阅读，从中了解自家生活之所在地方文化，进而促进爱护乡土，激发共同珍爱文化历史资产，也可供观光旅游导赏讲解金林之参考数据焉。

盖再略费心力，繁简分合，削润考献，统计载录有据而融通新旧，义取因时，若纲有纲，自是别有迥殊扣钥，可作明灯、清音典范也。与之交流间，氏意同拙说谬见，称将不惜心力作最后勘酌增删，补偏起废，务求至当，翔确有据为尚。

日者复晤，氏以文将付梓，力邀为序一文以弁书首，以评其得失。楚坚虽拙于文及一时难以集文征以论其委曲隐微，然以其浓浓念斯土斯民之情感，笔端呈现金林不少实质之材料与内容，具有将金林水乡之美，掌故之奇、历史文化，一一呈现，就地方文献观点观之，自有其为金林历史作证之参考价值在；益以拳拳胜意，婉辞难却，缀数语以为序。

香港马楚坚识于养拙堂
二〇一七年八月十八日

马楚坚：香港大学哲学博士

国家清史纂修工程《交通志·绎遁》项目负责人

国家清史纂修工程《香港志·沿革篇》项目负责人

世界儒学联合会理事

中国明史学会理事

中国历史文献研究会礼学研究中心研究员

广州大学人文学院客座教授

香港公开大学客座教授

嘉应大学荣誉教授

潮汕历史文化研究中心特约研究员

江万里研究总会学术顾问

笔者与马楚坚教授伉俪在西江历史文化研究院门前合影（江军辉摄）

清华大学教授、凤凰卫视《文化大观园》节目主持人王鲁湘为
《金林水乡的传说》题词（谈细育摄于 2005 年 6 月 7 日）

与《今日关注》节目主持人郑达在金林水乡
（江军辉摄于 2004 年 4 月 6 日）

目 录

序 言 ⋯⋯⋯⋯⋯⋯⋯⋯⋯⋯⋯⋯⋯⋯⋯⋯⋯⋯⋯ 001

乡土风物篇

端仪立德　敢为人先 ⋯⋯⋯⋯⋯⋯⋯⋯⋯⋯⋯⋯⋯ 002

金林水乡景区简介 ⋯⋯⋯⋯⋯⋯⋯⋯⋯⋯⋯⋯⋯⋯ 004

水乡景点解说录 ⋯⋯⋯⋯⋯⋯⋯⋯⋯⋯⋯⋯⋯⋯⋯ 006

赞词颂语话水乡 ⋯⋯⋯⋯⋯⋯⋯⋯⋯⋯⋯⋯⋯⋯⋯ 010

月下水乡（歌词）⋯⋯⋯⋯⋯⋯⋯⋯⋯⋯⋯⋯⋯⋯ 015

金林水乡的传说 ⋯⋯⋯⋯⋯⋯⋯⋯⋯⋯⋯⋯⋯⋯⋯ 016

龟头山的故事 ⋯⋯⋯⋯⋯⋯⋯⋯⋯⋯⋯⋯⋯⋯⋯⋯ 020

千年古刹慈祥寺 ⋯⋯⋯⋯⋯⋯⋯⋯⋯⋯⋯⋯⋯⋯⋯ 023

骑龙庵 ⋯⋯⋯⋯⋯⋯⋯⋯⋯⋯⋯⋯⋯⋯⋯⋯⋯⋯⋯ 025

寿山桥 ⋯⋯⋯⋯⋯⋯⋯⋯⋯⋯⋯⋯⋯⋯⋯⋯⋯⋯⋯ 026

金林的城门 ⋯⋯⋯⋯⋯⋯⋯⋯⋯⋯⋯⋯⋯⋯⋯⋯⋯ 028

金林三级水电站 ⋯⋯⋯⋯⋯⋯⋯⋯⋯⋯⋯⋯⋯⋯⋯ 029

"矮门儿"折射出来的性格 ⋯⋯⋯⋯⋯⋯⋯⋯⋯⋯ 031

独特的"一年一圩" ⋯⋯⋯⋯⋯⋯⋯⋯⋯⋯⋯⋯⋯ 033

细说五月十三 ⋯⋯⋯⋯⋯⋯⋯⋯⋯⋯⋯⋯⋯⋯⋯⋯ 035

孔家巷 ⋯⋯⋯⋯⋯⋯⋯⋯⋯⋯⋯⋯⋯⋯⋯⋯⋯⋯⋯ 037

庆安宫门前的石羊 ⋯⋯⋯⋯⋯⋯⋯⋯⋯⋯⋯⋯⋯⋯ 038

金林油糍 ⋯⋯⋯⋯⋯⋯⋯⋯⋯⋯⋯⋯⋯⋯⋯⋯⋯⋯ 041

八仙垌的传说 ⋯⋯⋯⋯⋯⋯⋯⋯⋯⋯⋯⋯⋯⋯⋯⋯ 043

万千"知了"闹水乡 ⋯⋯⋯⋯⋯⋯⋯⋯⋯⋯⋯⋯⋯ 045

古屋吊兰 ⋯⋯⋯⋯⋯⋯⋯⋯⋯⋯⋯⋯⋯⋯⋯⋯⋯⋯ 046

美哉，盘龙峡 ⋯⋯⋯⋯⋯⋯⋯⋯⋯⋯⋯⋯⋯⋯⋯⋯ 047

盘龙峡薰衣草王国 ⋯⋯⋯⋯⋯⋯⋯⋯⋯⋯⋯⋯⋯⋯ 050

礼担上的柿饼 ⋯⋯⋯⋯⋯⋯⋯⋯⋯⋯⋯⋯⋯⋯⋯⋯ 052

相思树 ……………………………………………… 053

炮仗花 ……………………………………………… 054

许愿树 ……………………………………………… 055

含　笑 ……………………………………………… 056

仙人掌 ……………………………………………… 057

木　棉 ……………………………………………… 058

格　木 ……………………………………………… 059

勒杜鹃 ……………………………………………… 060

岭南古村落——古蓬村 …………………………… 061

人文史话篇

肇庆中学与金林 …………………………………… 065

忆抗日战争时期的肇中 …………………………… 069

"天地同流"其人其事 …………………………… 073

谢有年与国学在金林 ……………………………… 084

"电焊机大王"＋"老板作家"谢仲馀 ………… 086

图诗千古事　馨风值此传 ………………………… 089

组字图诗《老来难》 ……………………………… 090

警示后人的联语故事 ……………………………… 092

石敢当的故事 ……………………………………… 095

慈祥寺的"寿"字碑 ……………………………… 099

苏东坡的两首神智诗 ……………………………… 102

谢氏文化话楹联 …………………………………… 104

"余庆门"的那副对联 …………………………… 107

金林村的两副佳联 ………………………………… 109

城门、祠堂、厅堂、书舍联语集锦 …………… 110

金林水乡景区联语集锦 …………………………… 113

谢氏家族的感恩文化 ……………………………… 119

谢氏的家风与家训 ………………………………… 125

谢氏千字文 ………………………………………… 128

金林，我们的祖居 …………………………………… 130
九十八岁的谢姓举人 ……………………………… 131
大雾山人 …………………………………………… 133
摸顶师傅的"顶上功夫" …………………………… 136
朱君达与抱图阁佳话 ……………………………… 138
金林村那个"孩子王" ……………………………… 139
谈寿昌的应对与文字游戏 ………………………… 143
一街两名话楼屋 …………………………………… 146
英才辈出"鸡谈里" ………………………………… 148

吉祥谐趣篇

吉祥文化在金林 …………………………………… 159
"吉祥"与"如意" …………………………………… 160
"三羊"如何来开泰 ………………………………… 162
"福如东海"与"寿比南山" ………………………… 164
"双龙戏珠"寓意深 ………………………………… 166
"四喜"临门有来由 ………………………………… 167
"福禄寿全"与"螽斯衍庆" ………………………… 168
"五福"含义君知否 ………………………………… 169
"三生有幸"的故事 ………………………………… 170
刘海戏金蟾 ………………………………………… 172
"六六大顺"有出处 ………………………………… 174
"三星拱照"与"六合同春" ………………………… 176
龙凤呈祥 …………………………………………… 178
拜神上香有规矩 …………………………………… 180
与雷公扯上关系的礼仪 …………………………… 182
何谓"老衬" ………………………………………… 186
撇捺人生 …………………………………………… 188
一联旺小街 ………………………………………… 189
妙联助酒兴 ………………………………………… 191

爆竹"恭"狮子 …………………………………… 192

积善锦鲤 ………………………………………… 193

金林人的闲情逸趣 ……………………………… 194

一个劝人戒贪的故事 …………………………… 196

"公局"联语拾趣 ……………………………… 199

张名花的"公局"对联 ………………………… 202

后　记 …………………………………………… 203

乡土风物篇

端仪立德　敢为人先

　　德庆是龙母的故乡。在德庆，龙母的故事家喻户晓。在百姓的心目中，龙母是女中豪杰，是美的化身，是力量的体现。龙母鞠育五子，有德于民，有功于国；龙子孝敬父母，安良除暴。龙母的慈爱、勤劳、聪慧、仁慈、善良，可以为万民的表率；龙子的孝德、壮举、神勇，可以为后人的榜样。这就是被人们称道的母仪龙德。

　　"母仪龙德"体现的是"利泽天下"的精神；是奋发向上的精神；是亲和团结的精神；是赤子孝通的本根精神。

　　龙德动九重，经绋煌煌颁凤诰；
　　母仪钦万国，冠裳济济肃凫趋。①

　　德庆人世代生活在这块"龙的传人"的热土上，备受龙母的福荫，深受母仪龙德精神的化育。

　　笔者认为，"龙母故乡"——德庆，用"端仪立德，敢为人先"来概括德庆人的精神最为恰当。

　　"端仪立德，敢为人先"体现了德庆人以"母仪龙德"为仪范，以儒家"五伦""八德"② 等国学精神为镜鉴，并赋予新时期的尊法、学法、守法及自尊、自爱、自重等教育理念，弘扬中华民族的传统美德；端正自身的人生价值观，不断提高自己的道德修养水平和社会责任感；不断优化德庆人的人格形象和精神素

---

　　① 出处：悦城龙母祖庙联语之一。九重："君之门以九重"，指朝廷；经绋：系金印的丝带；凤诰：亦称凤诏，指君王的制令。济济：众多貌。肃：揖拜。凫趋：语云："闻之者凫趋雀跃，见之者手舞足蹈。"比喻欢欣鼓舞。意思是：龙母功德远播，传到朝廷。朝廷也为之感动，给龙母颁发了煌煌生辉的敕封诏书；天下的百姓都钦仰龙母的品行举止，抱着虔敬而又喜悦的心情前来礼拜的人络绎不绝。
　　② 五伦：指孟子的"君臣有义，父子有亲，夫妇有别，长幼有序，朋友有信。"八德：指宋代伦理道德观，即"孝、悌、忠、信、礼、义、廉、耻"。

质。"立德、立功、立言。"① 让这种精神转化为德庆发展的一种无形的优势资源；把业已形成的良好形象转化为带动德庆发展的巨大引擎。

"敢为人先"，表现了德庆人积极进取、勇于创新、敢于尝试的发展精神。

近些年来，德庆人在县委、县政府的正确领导下，秉承了"端仪立德，敢为人先"的德庆人精神，使德庆县的各项工作稳中有进：创新创业的步伐得以加快，改革开放向纵深推进，城乡建设成效明显，民主法治建设扎实有力，城乡文明建设程度不断提高，生态建设有新的进步，民生福祉持续改善，党的建设全面加强。

"皇天无亲，惟德是辅。"② "德者，得也。得也者，其谓所得以然也。"③ 秉承"端仪立德，敢为人先"的德庆人精神，德庆有得。连年来，德庆县各项事业战绩辉煌，捷报频传，以下荣誉可以为证：

广东省历史文化名城；

全国文化先进县；

中国旅游百强县；

全国体育先进县；

全国科技先进县；

全国贡柑产业十强县；

中国贡柑之乡；

全国农村集体"三资"管理示范县；

中央农办农村改革试验联系点；

…………

可以预言，"端仪立德，敢为人先"的德庆人精神，将一路引领我们前行。我们必须坚守这种精神，让"龙母故乡"——德庆，弦歌不断，生生不息、永葆生机！

---

① 语出《左传》："太上有立德，其次有立功，其次有立言。"意思是：立德，即树立道德；立功，即为民立功绩；立言，即提出具有真知灼见的言论。此三者是虽久不废、流芳百世的，被人称为"三不朽"。

② 语出《尚书·蔡仲之命》。意思是：上天并不对谁特别亲近，只是辅助有德者。

③ 语出《管子·心术上》。意思是：德，就是得。这里所说的得，即是得到他所应当得到的。

金林水乡景区简介

　　金林水乡，拥有1 700多年的历史。它是一座古色古香，文化底蕴深厚，自然景观丰富，充满神话色彩的古村落。

　　金林村被誉为"高山上的水乡"。古来就有"两河、双圳、五大井"之说。两河是指吉岗河和金林河。五大井是指村内的四大井和村边的高清井，被称为村中的"龙眼"。

金林水乡入口

　　金林古城建于明代，古迹特别多。一是城门多。如积善门、余庆门、长寿门、上林门和太里门等。二是古宅多。如谈家大屋、孔家巷、楼屋巷、进士第、郎官第及被誉为"一户住三大洲"（亚洲、大洋洲、美洲）的天地同流等。三是古祠堂多。如清轩谢公祠、应业谈公祠、丽先谈公祠、松岩谢公祠、金波谢公祠、和亭谢公祠、盛大谢公祠、他民谈公祠、心亭陈公祠和芝苑书舍、雪溪书舍、协一书舍等。四是古街店铺多。如均兴杂货、鲜明熟药、永盛酒坊、振兴米行、万福染坊、保平安药房、万安堂药房等。五是文物古迹多。如慈祥寺、庆安宫、清代广东才子宋湘"柑罗园"石刻和抗战时期肇庆中学校本部旧址等。还有"一年一圩"、"拜龙母"、舞龙舞狮等丰富多彩的民俗活动。

　　金林的四大作坊是蒸酒坊、榨油坊、腐竹坊和豆腐坊。这些作坊至今还远近闻名。

　　今日，金林水乡以其淳朴的乡村风貌对游人开放。在水乡大饭庄还可以品尝到地道的农家菜。区内有秀湖荡舟、水上民族歌舞表演、赛猪仔、猪跳水等别有风趣的项目供游人观赏互动。

金林水乡俯瞰照（徐向光提供）

金林水乡简介

水乡景点解说录

行长寿路，拜寿星公

金林村长寿路之得名，一说因福禄寿三星常在此地出现，且寿星公与长寿龟落户于此。他们保佑那些一生行善积德的人：福如东海长流水，寿比南山不老松，保佑他们高官厚禄，健康长寿。二说因该路段百姓中年近百岁之"寿星"众多。每年的大年初一，该处热闹非凡，村中百姓一大早便成群结队赶来，行长寿路、拜寿星公。人生在世，谁不希望自己福运绵长、高官厚禄、健康长寿？千百年来，民间老百姓把这一希望寄托在福禄寿神身上。

葵扇塘简介

话说八仙中的汉钟离和吕洞宾腾云驾雾欣赏金林水乡仙境，只见大雾山下金光灿灿，流水潺潺，绿树古居，俊男靓女，好一派升平景象。汉钟离十分兴奋，拍手称赞，谁知道芭蕉扇脱手而去，直飘到一口鱼塘上，不久塘边长起了一棵葵扇树。从此，人们便将这口鱼塘称为"葵扇塘"了。

埕瓮腌酢简介

埕瓮腌酢（粤语"腌酢"意为腌菜）在德庆农村中比较普遍。它是把腌制的蔬菜瓜果晒至半干，然后放盐相拌，放入埕瓮，盖上内外盖子，月余便成了酢。本地有名的菜酢有：黄瓜酢、豆角酢、生姜酢、花生叶酢等。菜酢风味独特，口感极佳，备受人们喜爱。

谈家古宅简介

古宅主人谈艺文，其祖先在清代为四品官"都司"。可谓官运亨通，丁财两旺，家族显赫。

谈家古宅建于清代，一连三进，前面还有朝回，作会客厅用，背后之建筑叫"斗底"，作学堂之用，右边一连五间用作厨房。其建筑结构独具特色，颇为壮观。

燕子窝简介

农村住宅的大厅两侧墙上，往往有燕子窝。

燕子亦称家燕，既是候鸟又是益鸟，"春暖燕知归"，春天到了，燕子就飞回来筑巢、下蛋、孵儿育女，生机勃勃，热闹非凡。

据说，有燕子归来的住宅是旺相的表现，所以屋主会倍加保护。

孔家巷简介

孔氏得氏于春秋时期，整族居鲁国（今山东）。孔氏第46代从南雄迁往德城孔竹根，约于南宋时期从孔竹根迁金林，历经明清，至今为止，现辈分最小的为孔子76世孙。

金林孔家为书香门第，先祖在清康熙时期曾出现两位秀才和两位贡生。

孔家大宅一连五座建于清代，当时算是有点规模，建筑工艺亦精细，大门安装有"推龙"，以坚硬格木制造，用于防盗。

谈姓古宅简介

古城墙内的长寿路古意盎然，这里的谈姓古宅大部分建于明代。这座古宅很有特色：门楼造型轩昂，很有精神；檐板木雕精细、逼真；门楼壁画绘有香瓜和甜瓜，寓意瓜瓞绵长，宗枝发达，生活甜美。其大屋为三间两廊，大厅正中的屏风上建有放置祖先牌位的神楼。屏风两侧是栩栩如生的八仙形象木雕阳刻。屏风上端刻着旭凤和神兽等，对着中间的太阳，象征祥光普照、福禄寿全。

昌盛豆腐坊简介

这是豆腐行业的老作坊，远近驰名。其制作工艺精细，沿用家传秘方。产品制作选用大雾山山泉水。主要产品有水豆腐、腐饼、豆浆、油豆腐等。水豆腐细嫩可口；豆浆清甜美味；腐饼、油豆腐色泽金黄，甘香爽口，令人食后回味无穷。

华盛腐竹坊简介

"华盛腐竹坊"是老字号的作坊，声名在外，历经200多年依然赞声不断。

华盛腐竹采用传统工艺流程制作，不含防腐剂，不添加色素，由纯天然黄豆做成。其品种有支竹、片竹等，其特点耐煮、爽口、风味纯正，具有黄豆的独特香味。

祥盛油坊简介

祥盛油坊已有300多年历史，以传统工艺流程见长，选用古董格木榨槽，人工操作生产纯正的花生油。其产品色香味俱佳，金黄透亮，香味浓郁，有花生的特有味道。该产品不充假、不掺杂，纯之又纯，用过都说好。

永盛酒坊简介

永盛酒坊是沿用世代家传秘方的老字号酒坊，其甑号称"杜康老甑"，历经300春秋。其产品选用优质大米和山泉水精制而成，色香味极佳，口感好，不上头，另外，生产多种色酒（如蛇酒、万寿酒等），名声日盛，功效卓著。

石磨简介

据说打造石磨的历史十分悠久。它是人们生活、生产的一种工具，在农村中非常普遍，现使用较少。

石磨多数用来磨米浆和豆浆。米浆可做肠粉、竹篙粉、糕点等；豆浆可做饮料、豆腐、腐竹等食品。

石磨磨出的食材做成的菜特别细嫩好吃，故坊间食肆亦有"复古"使用之举。

谈家大屋简介

这间大屋现在的主人是谈锡灼等户。整座建筑在金林水乡中是最为豪华、精致的。据闻建于清代中期，体现了"康乾盛世"的气派。

谈家大屋一连三进，结构合理。最为精彩的是屏风、檐板等处的木雕。雕刻技艺非常精细、准确、流畅、生动，令专家学者也赞叹不已，其灰雕、字画也颇见功力，可谓引人入胜。

鸳鸯池传奇

绿树荫荫，青竹摇摇，池水满满，清风习习，游人对对，蜜语甜甜。这是关于鸳鸯小公园环境清幽的一种描述。

不错，昔日七仙女对此地情有独钟，经常下凡与金林七位俊男谈情说爱。后被王母娘娘发现，于是派雷公大神把这里的一株千年鸳鸯桂味荔枝树劈死；并限制七仙女下凡，只能于每年农历七月七日下凡与心上人相会一次。

千年荔枝树被劈死后，几经沧桑，数年后，老树头的周边重新长出了五棵新树。村民倍加珍惜，着意培养，后因其果质特优而远近驰名。

基于两池相连，并有鸳鸯桂味荔枝树，故人们称其为"鸳鸯池"。

金林古城简介

金林古城建于明代。现在看到的残墙断壁便是那时的砖墙。建城的目的在于防卫。

金林古城有五大城楼、五大井。城楼建筑两层，楼阁式，有垛口，有炮眼，颇为壮观。金林大圳（水沟）绕城而过，流到各家各户，用水十分方便。

古城内有老屋数十间，大部分为明代建筑，住家百来户，在当时算是较大的砖城了。

舂米脚碓简介

舂米的碓有水碓、脚碓等多种。

脚碓是 20 世纪 50 年代以前在农村中普遍使用的人力舂米工具。它的作用是舂米、舂米粉和木薯粉等。据说，用脚碓舂米、舂粉做出的饭和糕点特别细嫩好吃。不妨你住下来亲自实践一番，体验一下 20 世纪农村生活的趣味吧！

金林水乡贺新春民俗活动（徐向光提供）

赞词颂语话水乡

一、大事记

2001 年 2 月 8 日，时任德庆县县委书记孙德和抓旅游工作的县常委刘雪梅以及知名旅游专家范家驹到金林村考察，指导旅游开发规划工作。

本报讯（周陆龙　谢政　岑瑞青）1 月 28 日，龙母故乡德庆县推出时光倒流五百年的德庆金林水乡旅游新景点。该县为这个新景点举行了隆重的开线仪式。德庆金林水乡旅游景区的开线，弥补了我省水乡旅游景区的空白。

德庆金林水乡旅游景区与"亚洲罕见，广东最大的瀑布群景区"盘龙峡生态旅游区相邻，是一个从隋末至今具有 1300 多年历史的水乡村落，是古代德庆的四大名乡之一。金林水乡依托的是青山绿水、良田美景、古屋老宅，它古朴的乡村民俗、乡野气息，以及古祠堂群、农庄老宅、古屋居、小桥流水人家最能体现岭南水乡的清雅与淳朴。

金林水乡的农耕示范区、种植园区、民间作坊、青蛙饲养繁殖基地以及建筑古文化观赏区，不仅让游客体验古代平民的典型生活，又能领略古代大户人家的高雅生活。此外，金林水乡的跑龙船、关帝炮会和龙母炮会、打饼风俗、新娘歌等民间风俗也别有一番景致，犹如时光倒流五百年，让游客陶醉在古代乡村山水田野的无限乐趣之中。

▼因为热闹非凡的开线仪式，打破了金林水乡的宁静。

领略古代岭南乡村生活的乐趣

金林水乡游时光倒流五百年

《西江日报》报道

2002 年 9 月 27 日，时任县委书记孙德于县委八楼主持召开旅游开发工作座谈会，初步定位开发金林村为"金林古乡"旅游景区。

2002 年 10 月 31 日，"金林古乡"旅游景区建设指挥部，于金林村岭头（农信分社原址）挂牌成立。

"金林古乡"开发建设指挥部人员如下：

刘雪梅、陈炳枢、戴炳桓、冼伟汉、江军辉、江树强、李芝浪、陈勇、徐伟汉、关永生、王幸中、王锦汉、谈日生、刘创、谢秀芳、陈广生、何建新、成日荣、冯瑞辉、谈兵坚、谢汉超、谢卓伟、梁树希、谢金灏、刘永华、谢国强、莫松华。

2002 年 11 月 25 日，经充分论证景区定位，最终定名为"金林水乡旅游景区"后，正式动工建设。

2003 年 1 月 28 日，"金林水乡旅游景区"建成，开线迎客，工程建设期仅为 66 天。

二、欲望山村　旅游激活

如果不是亲眼所见，很难想象，广东省德庆县金林村这个山乡古寨会在 66 天内变成一个旅游景点，造出一个精彩的"江南水乡"。借旅游的光，金林水乡的 2 000 多名村民加快了脱贫的步伐。

你看水乡，是一步一景，处处引人入胜。不要说毫无修饰的深院大宅、简单的镰刀锄头、显示贫富的咸菜坛子，以及那两兜扎根在墙头 200 年不倒的吊兰，也不要说那无人看管也没有定价的菜摊、黄道婆的织布屋、土榨花生油作坊和古老的蒸酒工坊，就是宅边水车、老掉牙的小水力发电机、新建在水塘上的曲桥凉亭、抱着小狗的村姑，都会令人回味无穷。更绝的是那自由自在的、处处可见的村民，就在自家的门前小巷边摆起小摊，出售山区随处可得的、过去不值钱的何首乌、巴戟等山野特产……村民们热烈的生活情景和美丽的山光水影，才是水乡最动人的风景。村民介入了景点的建设：经商优先、土地入股，分享着旅游业带来的成果；游客也完全融入了乡村的生活；村里的一草一木都向游人开放，城里出生的孩子可以了解真正的农家生活。

这是怎样一个地方！有点古老有点现代、有点真实有点虚幻、有点人工有点自然、有点庄严又有点谐趣，村里到处听到分明是"拿来"的旋律，你却感到这是他们心底的歌……正是这样一个地方，开发冲动和灵感来自广东省第一批旅游扶贫项目——全国特困地区河源市东源县苏家围客家乡村旅游景区。谁敢保证，以后没有人学金林水乡？谁敢说，旅游扶贫的效应不会延伸到别处?!

（人民日报社记者刘丹撰文）

三、金林水乡：旅游激活广东最美乡村

金林水乡位于德庆县官圩镇金林村。现有 380 多户人家，1 700 多人，是一个有着 1 700 多年历史的文化之乡。据史料记载，金林村过去出过贡生、进士及秀才共 30 多名。中华人民共和国成立后，又出了 100 多名大学生，其中还有博士、硕士等高学历人才。

早在明朝时期，金林村就建成了以"两河、双圳、五大井"为特色的金林古城，并建造了 20 多座美轮美奂的寺庙、祠堂和一百多座民居。村民千百年来

一直保留着"勤劳、勇敢、仁爱、信实、尚书"的优良传统。由于历史原因，金林水乡在未开发建成旅游景区前，村民人均收入在全县属于较低水平，且存在着一般农村普遍存在的脏、乱、差现象。

2002年底，德庆县委、县政府响应省委、省政府加快"县域经济"发展和实施"旅游扶贫"战略部署，将金林村作为"广东'龙之旅'龙母故乡德庆游"第四大景区"金林水乡旅游景区"予以开发。

景区以金林村为基础进行开发，以反映其农业生产过程、农村风貌、农民劳作及生活场景等为主要内容，景区内村舍、小桥、河流、水圳、池塘、古老而精美的祠堂和古民居、树林、果园、良田沃土融为一体，古朴的民风、传统的民俗渗透于每一个角落。景区内现有的旅游景点，主要有：贡柑果园、小水电站、水车群、上林塘、北秀湖、葵扇塘、积善塘，县级文物保护单位谈家古宅、孔家古宅、应业祠、谈姓古屋、丽先谈公祠、松岩祠，广东最早的村级幼儿园，长寿路，无人售货处，金水池、太里池、鸳鸯池等。主要旅游项目有：大饭庄（内设"肇庆中学在金林展览室"和"国画大师黎雄才纪念室"）、圈鸭、斗鸡、赛猪、豆腐坊、腐竹坊、油坊、酒坊、土炮、竹筏游湖、水乡歌舞、雄鸡舞等。

四、国画大师黎雄才

黎雄才

黎雄才（1910—2001），广东省肇庆市人，当代国画家、美术教育家，岭南画派卓有成就的代表人物。他擅长巨幅山水画，精于花鸟草虫，画作气势浑厚，自具风貌，被评论界称为"黎家山水"。20世纪30年代初作品《潇湘夜雨》荣获比利时国际博览会金奖，1954年创作的《武汉防汛图卷》被美术评论界誉为"抗洪史诗"。1987年曾为广东省政府迎宾厅、北京人民大会堂绘制巨幅画作《迎客松》《万壑松风》等。出版有《黎雄才山水画谱》（岭南美术出版社出版）。主要代表作品有《森林》《三峡》等。2001年荣获中国文联和中国美术家协会颁发的绘画界国家级专业学术最高奖项——"金彩奖"，为国画界获得此项殊荣的第一人。

主要经历：

1924 年，就读于肇庆中学。

1926 年，拜高剑父为师，翌年入高剑父的春睡画院学习，并一度在广州烈风美术学校兼习素描。

1932 年，得高剑父资助，赴日本留学，入东京美术学校学习日本画。

1935 年，毕业归国，任教于广州市立美术专科学校。

1939 年，任教于肇庆第七中学（即省立肇庆中学）。是年随肇庆中学迁校广东德庆县金林村任教美术。

1943 年，受聘于重庆国立艺术专科学校，任副教授。

1948 年，任广州市立艺术专科学校教授。

中华人民共和国成立后，先后任教于华南人民文学艺术学院、中南美术专科学校、广州美术学院，并担任广州美术学院副院长兼中国画系主任、中国美术家协会广东分会副主席。

20 世纪 30 年代初作品《潇湘夜雨》获比利时国际博览会金奖，《寒江夜泊》《珠江帆影》入选芝加哥"当前进步博览会"和德国柏林举办的"中国美术展览会"。其中《珠江帆影》被德国博物馆收藏。

1949 年以来作品多次入选国内外举办的大型美术作品展览会并在多种专业报刊上发表，曾在国内外举办过多次个人画展。

1979 年在广州举办个人画展。

1982 年和 1983 年分别在中国香港和菲律宾举办个人画展，并先后访问了朝鲜、日本、菲律宾、加拿大、美国等国家。

2001 年 12 月 19 日上午，因多脏器功能衰竭在广州逝世，享年 92 岁。

黎雄才大师在金林村的教学时间虽然不长，但他的豪爽正直、淡泊名利，及为人为艺为师的精神却在村民中树起了一座丰碑。

师从过黎老的金林人，对他的画作艺术赞不绝口。他们说："黎老的笑容很纯净，就像他的山水，坦坦荡荡。"村民们忘不了，黎老带领学生到大雾山、西山、吉岗山、龟头山和吉岗河、金林河、马埌社君古松林等地写生的情景；忘不了他多次带领学生到金林村"松岩谢公祠"门前，讲授"松岩谢公祠"匾额上漂亮的榜书艺术；忘不了他教导学生要师承古法，不能抛开前人搞国画，不能古而不发，发展绘画艺术要讲究纯艺术等；忘不了他手把手地指导学生如何用文房四宝加国画颜料来表达作者要表达的物象质感和意趣，画什么似什么，似是似特

松岩谢公祠的榜书艺术（徐向光摄）

征，和摄影照片有区别，国画要有国画的韵味，要反映出宣纸、毛笔、水、墨和颜料等绘画材料所产生的特殊效果，给人以艺术感染力。

"松风鹤骨念黎老"，金林的村民永远怀念您，一代国画大师——黎雄才！

月下水乡（歌词）

（调寄陈小奇《烟花三月下扬州》曲）

街灯夜来照，看水乡新洋楼。

潺潺回环清溪水，冲洗春与秋。

五山①来环抱，双河②水不断流。

"天地同流"③好咸水，饮誉"三大洲"④。

这里有柑罗（羅）园和肇中的历史遗留，

古祠古屋庆安宫记住了喜与忧。

这里的新农村建设高歌走在路途上，

从亮丽村道走过春风秋雨尝透。

金林水乡，风光清秀；

北秀湖边，山水不断流。

望那新政惠民送出一轮月，

从大雾山上照遍我水乡！

注：①五山：指环抱金林村的"寿星、金龟、蝠、鹿、鹤"五座山峰（"寿
　　　星"，指状若"寿星公"的大雾山；"金龟"，指龟头山；"蝠"，指蝠鼠
　　　山；"鹿"，指鹿山；"鹤"，指鹤山。）
　　②双河：指金林村东边的吉岗河和西边的金林河。
　　③"天地同流"：该楼房的主人公有"一户住三大洲"的成就。
　　④"三大洲"：这里指亚洲、大洋洲和美洲。

金林水乡的传说

　　在人们心目中，"水乡"往往是地处江河湖泊之间，独具"小桥流水人家"特色的乡村。然而，金林水乡在地理位置及特色上却迥然不同。其坐落在以大雾山为主的群山环抱的高台之上。未到此地，难以置信。而身临其境，则会为这一高台上富有特色的水乡美景叹为观止。

　　"山不在高，有仙则名；水不在深，有龙则灵。"金林水乡地理形势奇特。从表象来看，山不算高，却有"寿星、金龟、蝙、鹿、鹤"五山环抱之局和"双鱼山会局"之说；水不算深，却有"两河、双圳、五大井"及众多大小不一、形态各异的水塘分布其间。更令人惊叹的是，金林这个只有400来户、1 700多人口的村落，拥有着1 700多年历史；拥有着众多的古民居和包括龙母行宫在内的祠堂庙宇；拥有着独特的人文景观和优美的自然环境。

　　一个个美丽动听的故事，许多引人入胜的传说，也会给人们带来无限的憧憬和遐想。

　　据说，在很久很久以前，有一天，玉皇大帝闲来无事，邀上八仙之一的吕洞宾，打开天门径落凡间玩耍。事有凑巧，他们双脚落地处，竟是今天我们所看到的大雾山的主峰。立于峰上，举目四望，金林村独特的自然美景尽收眼底。玉皇大帝大加赞赏后，唤过吕洞宾，问这一人间仙境属何村落，洞宾为难了。一是自己乃初到此地，二是来不及询问村民。他无奈地顺手将拂尘挥动了一下。谁知拂尘晃过，山上山下的云雾尽消，顿见山上金光闪闪，山下绿浪滔滔。洞宾心想：闪光的定是金子，泛绿的必是森林。于是，他灵机一动，马上回话玉帝，说该村名曰"金林"。玉帝听后连声叫好。不一会儿，玉帝却发现这一带水源不足，山势尚欠造化。所谓"山无树不绿，景无水不秀"，为将金林村打造成完美无缺的人间仙境，玉帝命吕洞宾速到南海之滨，将龟、螺二山搬来。螺山拟放到大雾山主峰之上，形成"加官晋爵"之势；龟山（又名"圭山"）则置于村西入口处鹤山与犀斗山之间的金林河上，欲断其流，蓄其水，令"高峡出平湖"，造就"金林水乡"之美景。玉帝限洞宾于一夜之内完成搬山之任，并限定鸡鸣即止。吕洞宾不敢怠慢，匆匆辞别玉帝，驾上祥云直奔南海之滨。当他风风火火地赶着龟、螺二山即将到达目的地时，骤然一声公鸡长鸣，吓得他连忙收起法术来，龟、螺二山则轰然着地。可惜螺山没有垒到大雾山主峰之上，被弃于距金林不到两里地的五福村旁。故"加官晋爵"之势无法造成；而龟山被遗弃得更远，被抛于马圩镇荣村旁。吕洞宾沮丧地立于大雾山主峰右侧的山巅上直喘粗气。"嘿嘿！吕老兄，玉皇大帝等着你去领赏哩！"吕洞宾回头一看，原来是倒骑毛驴的张果老在看他笑话。他想天还没亮，刚才那一声鸡鸣定是张果老所为，自己当是被戏弄了。"好个张果老！"他不想尤可，想起一肚火。只见他抄起拂尘，死命地从半空中向张果老劈头盖脸地打了下来。谁料张果老早知吕洞宾有此一着，只见他冷笑一声，化为一缕青烟直上天庭去了。洞宾无奈地收回

金林水乡景区入口门楼

拂尘。谁知大雾脑与二雾脑之间的山腰上，却留下了一道深深的壕沟。说来也怪，这道壕沟千百年来任凭风吹雨打，绝不坍塌。壕沟不算太宽，但两旁所长之树，枝叶绝不相交，金林人一直认为是"神仙打断"。

再说，洞宾被张果老戏弄，"加官晋爵"不成，"造湖"未就，怕受玉帝责备。所幸的是，吕洞宾于大雾山站立之时，手持的拂尘受雾水的浸润分成了三瓣。拂尘所到处，除留下被誉为"神仙打断"的那条壕沟外，大雾山的东西两边还各有一条。东边的一条下陷成吉岗河，西边的一条深裂为大水渠。水虽不深，无以成大湖，但洞宾用拂尘抽打时，飞溅而起的乱石残泥有巨有细，落地处皆下陷成塘。如此一来大小不一、形态各异的水塘触目皆是，造成了今天这一富有特色的金林水乡。

北秀湖上撑竹排

至于金林水乡之美景，有人用"金山有云皆献瑞，林海无地不生香"这一联语概括。当年省立肇庆中学迁来金林村办学时，曾在此任教的教育家朱君达先生也撰联颂曰：

雾山爽气抒怀抱；
搭岭风光映画图。

金水池远眺

北秀湖的龙门桥和抱图阁

龟头山的故事

在五千年浩瀚的中华文明史中，素有龙、凤、麟、龟"四灵"之说。古语曰："麟体信厚，凤知治乱，龟兆吉凶，龙能变化。"尽管传说"龙"可呼风唤雨，是神权尊严的最高象征；华人自认为是"龙"的传人；帝王自命为"真龙天子"，但"龙""凤""麒麟"只是想象中的神物，人们对其倍加崇拜，一定程度是因"四灵"中唯一真实存世的"龟"。东晋干宝撰《搜神记》中有"千岁龟鼋，能与人语"之说，把长寿的龟鼋当成"神"的代言人，当成人与"神"沟通的桥梁。华夏先民，从龟鼋具有中庸平和、坚忍顽强、智慧长寿、避难消灾等特点中得到启示：在龟鼋身上寄托了对其能适应变化莫测、威力无穷的大自然的仰慕，对追求人类自身健康长寿、幸福吉祥的向往。

在古代，龟有吉祥、安康、坚强、永固的象征意义。金林村吉岗河边的龟头山，因其形似乌龟而得名。金林的祖先认为，村庄的形成亦与龟有关。因为千百年来，这里流传着这样的一个故事：

很久很久以前，有个贪心的风水先生，他到处搜索，想占尽人间宝物。一天，他循着龙脉，追寻到吉岗河边。只见这里群山环抱，山山拥翠；绿水灵动，水水生辉。真是"踏破铁鞋无觅处，得来全不费工夫"，风水先生欣喜若狂。因为眼前所处，正是他朝思暮想的寻宝之地。按他推算，某日某时，在吉岗河北面形若寿星的大雾山，天门将会打开。届时，会有一只千年神龟带着一个大金蛋，从此通过天门得道升天。为获取金蛋，风水先生处心积虑，赶在神龟到来之前在吉岗河边守候。

半夜时分，风水先生猛听得吉岗坡头上一阵响动，神龟果然现身了。原来，神龟爬上了坡头，正沿着河边往大雾山方向爬去。"神龟呀神龟，小生在此恭候多时了，恭喜你就快得道升天！"风水先生大献殷勤继续说，"神龟呀，小生愿舍命护法，帮你顺利通过天门！"神龟不语，侧目斜视，心想此人无事献殷勤，且行踪诡秘，必定居心叵测，来者不善。但一转念，山高路陡，有个人相助，亦可快些爬上山顶，不致误了时辰。于是答应让他跟在后面相助，并说到时不会亏待他。风水先生大喜，忙向神龟索取金蛋。神龟一愣，此狂生果然是个无耻之徒，居然在打这个金蛋的主意。"好吧，我体内确实有一个千年金蛋，本来是打算到了天庭后，将它作为见面礼送给玉皇大帝的……"神龟无奈地继续说，"如果这个金蛋真的和你有缘，到时我就将它送给你吧！"风水先生慌忙作揖道谢。继而，起劲地用手托住神龟尾部一步步地往上推。爬了一段时间，不觉已到了半山腰。风水先生索宝心切，不容神龟停顿，拼命地将神龟不停地往上推。神龟想："看你耍什么花招？"索性顺势发起神威，四脚生风，一下子把风水先生远远地抛在了后头。"你这个老乌龟，想将我甩掉，莫不是想食言吗？"不想尤可，一想憋把火，风水先生死命地向上爬。然而，不知怎的，和神龟的距离总是保持在一二尺左右。他气急败坏，牙一咬，心一横，举起随身携带的手杖，死命地向着神龟的屁股插去，妄想将千年金蛋掏出来。"呀"的一声，神龟痛得浑身麻木，直向下滑，它知道，身子被捅破了，元气大失，得道升天无望了。"罢了，罢了！你这个无耻的狂生，为了金蛋，居然使出这般阴毒的手段……"神龟怒不可遏，"既然你如此爱金蛋，那么我就成全你吧！"说时迟，那时快，神龟将身子重重地压在风水先生身上，并顺着山势，一直滑到了吉岗河边。不一会儿，神龟慢慢地化成了一座龟形的小山。风水先生却被埋在山下，永不得超生了。而他的手杖则化为一棵大树，耸立在山顶上。

天亮后，人们发现吉岗河边一夜间多了一座状若乌龟的小山。山的北面狭窄瘦长，前端高高翘起，活像昂起的龟头；"龟头"与近中部的接壤处有一裂沟，分明是龟的颈部；颈后，是个椭圆的山体，俨然龟身之主体；龟身尾部，一个短而微弯的土坡伸向路边，酷似龟的尾巴。人们被眼前的造化惊呆了。惊讶间，一条黄绸从天而降。手疾眼快者将它拾起，细看，黄绸上有四行小字：

雾山苍苍，金水盈盈，
吉岗河边，神龟显灵。
拐杖化树，狂生受刑，
金蛋赐福，宜村宜城。
（注：雾山，指大雾山；金水，指环绕金林村之水系。）

"天意，真乃天意呀！"一位老者手捧黄绸，口中喃喃有词，"这座龟头山定是神龟所化，昨天晚上，这里定是发生过一件不寻常的怪事……""金蛋赐福，宜村宜城……"，老汉沉吟数遍后，似有所悟，顿时眉飞色舞起来，"乡亲们，神龟放话了，它分明告诉我们，这里是个难得的风水宝地，最适宜人类居住，繁衍生息。我们不要错过呀……"消息传开，各地群众纷纷涌来，在这座神山的旁边造屋定居。不久，迁来定居的人们越来越多，年复一年，终于建成了一个远近闻名的大村——金林。而龟头山一带的住宅区，后来则被人们称为"旧寨"了。

为了感恩和铭记神龟的造化，金林的祖先先后在龟头山上修建了神庙、社君和一座精雅别致的"龟尾书舍"。

千百年来，龟头山见证了金林村的沧桑。可惜山上的古树名木、庙宇和书舍均被破坏殆尽，存留于世的只有那座静卧在吉岗河边的龟头山，和"立波社君"（旧寨社君），还有至今还在坊间流传的龟尾书舍那副警悟世人的楹联：

数百年旧家无非积德；
第一件好事还是读书。

龟头山上的"立波社君"（谢国德摄）

千年古刹慈祥寺

金林村的西山，曾有一座与香山古刹齐名的宋代寺院——慈祥寺。可惜，慈祥寺这座千年古刹，在20世纪50年代末至60年代初惨遭人为破坏，毁于一旦。遗址里仅存石龟和观音殿上的石雕香炉，看后令人伤感浩叹。

清·光绪《德庆州志》云："金林寺，在金林西山。旧名慈祥寺。宋钟文可建。"[《旧志》国朝同治十三年（1874）修]

慈祥寺地处西山，地理位置优越，环境幽雅，建筑结构与佛山神庙有异曲同工之妙。它是一座古色古香的砖木石结构建筑，占地广阔，建筑精美。其木雕、砖雕、灰雕及石雕工艺堪称一绝，可谓巧夺天工。门前有石级排列而上，两侧是小房，供僧人居住。寺前为山门，主体建筑分前、中、后三座。前座有盖檐，寺门口右侧伏一大石龟，龟背上竖着一方刻工精细的石碑，碑文记述着该寺修建的时间及捐助者姓名、捐助金额等内容。左侧竖立着一块高1.2米，宽0.7米的"寿"字碑（传说该碑早在宋代末期已被人移去；又传该碑现存放在揭阳市双峰寺内，不过碑的右侧添刻了一行"由肇郡移来"的字样）。传说该"寿"字属神智体，乃五代陈抟老祖所书。粗看该字为一大"寿"字，细观却内藏"寿、佛、富、金、林"五字。奇妙之处可与阳朔漓江边一字成景的"带"字石刻媲美。前座屏风后面的阁楼上还有一尊降魔伏妖的护法神像。

中座是三宝殿，殿中端坐着如来、文殊、普贤三尊宝佛。三宝殿里有降龙、伏虎、笑狮、骑象、坐鹿、布袋、芭蕉、长眉、欢喜、沉思、过江、探手、托塔、挖耳、看门、开心、举钵、静坐十八罗汉分列两旁，形态各异，栩栩如

慈祥寺旧址（徐廷文摄）

生。三宝佛座背后立"韦陀"塑像，与后座观音像相对。后座的观音殿中，慈悲为怀的观音菩萨手持杨柳枝与净瓶端坐在高高的莲台上。双掌合拢跪在观音菩萨像前，头梳鬓髻、腰围兜肚、眉清目秀的童子便是善财童子。传说善财童子跪地拜师修成正果，还可助观音菩萨使人起死回生。他们不仅施慈悲于阳间，还施慈悲于阴间，给人以复活的机会。当然，这些只不过是导人向善的神话故事而已。

　　前座与中座之间为一大天井，长过四丈，宽三丈有余。天井两旁均为长廊。中座和后座之间亦有天井相隔，天井右侧植有丹桂古树一株，高及殿檐，花开时节香气袭人。令世人称奇的是，山门上"净地何须扫，空门不用关"的门联，与福州鼓山白云峰涌泉寺山门的联语雷同，不知是巧合，还是另有蹊跷，无从查考。但联语作者从"净地"想到不用扫地，从"空门"想到何须关门，构思奇特，妙语双关，极具情趣。

　　随着金林水乡景区设施的进一步完善，人们盼望着这座千年古刹——慈祥寺能早日恢复原貌，重现昔日的光彩。

慈祥寺残存的石龟（徐廷文摄）

骑龙庵

　　上了年纪的金林人都不会忘记，在村入口的岭头，过去有座神庙叫骑龙庵。传说，骑龙庵所处位置，正是大雾山延伸的龙脉所在。

　　风水学把绵延的山脉称为龙脉。金林的祖先，审气脉，别生气，分阴阳，将村址选在北发朝南来的大雾山脚下。大雾山的龙脉，源自北面巍峨的大广山。龙脉走向，顺着岭头高地绵延至马圩莲塘一带。

　　古时，金林村东的吉岗河和西面的金林河，每逢雨季，双河泛滥，常危及沿河村民的生命财产安全。为祈求风调雨顺，百姓便在岭头的高台上建了一座庄严肃穆的神庙——骑龙庵。庵内供奉了一尊栩栩如生的骑龙观音。骑龙观音，又称"龙头观音"，是观音菩萨三十三应化身之一。据说，东海有个头像龙、身像龟的怪物，经常危害人间。观音菩萨大发慈悲之心，为民除害，便来到东海将怪物降伏，并跃上龙头怪物的背上现出宝相。百姓从此过上了太平的日子，后来便塑了一尊脚踏龙头怪物的观音菩萨神像供奉起来。饱受两河水患的金林一带民众，为祈求大慈大悲、法力无边的观音菩萨也来保佑众生安居乐业，便也建起了这座骑龙庵。

　　传说，骑龙庵建成后，金林一带连续多年风调雨顺。各方善男信女都纷纷前来烧香跪拜，答谢神恩。谁知有一年，天发大旱，民不聊生。方圆数十里的民众，都来庙前求雨。宁静的岭头，一下子热闹起来。只见人头涌动，香火鼎盛。袅袅上升的烟雾直冲云天。朦胧中，人们若隐若现地看到踏水泛莲花的观音菩萨，带着一个骑龙和尚，正风风火火地赶来施法。惊讶间，风云突变，天降骤雨。旱情解除了，百姓喜出望外。从此，前来骑龙庵祭拜的民众越来越多，香火不断。

　　有人在神龛前刻上一联：

　　雾岭山灵，和尚骑龙施法雨；
　　金川畈美，观音踏水泛莲花。
　　（注：雾岭，指大雾山；金川，指金林的河流。）

　　可惜，骑龙庵在"文化大革命"的冲击下已荡然无存。留在人们记忆中的仅是神奇美丽的传说。

寿山桥

　　德庆县官圩镇金林村,过去有一座古石桥,人称"寿山桥"。清·光绪《德庆州志》载:"寿山桥,在金林村南。嘉庆二年（1797）,州人谈惟精筑石"。由此推算,该桥距今已有200多年的历史了。

　　寿山桥架设在金林村鹿山与鹤山之间的深涧上。村中老人们说,寿山桥桥体呈南北走向,长10多米,宽2米多,单拱,半圆形。桥洞净空高约5米,采用拱圈式河石横联砌置;桥面由数条花岗岩长石架设而成。桥头两旁,古松杂树丛生;桥下山涧,溪水飞瀑淙淙。人从桥上过,宛若画中游。

　　寿山桥说不上雄伟壮观,但方便了南来北往的过客。说起寿山桥,同样流传着一段美丽的故事。从前,金林村有一位读书人,名叫谈惟精,他像自己的名字一样,思维敏捷,精明能干。他不但多才多艺,还常做善事,造福桑梓,因而深受村民爱戴。寿山桥就是由他亲手设计,出钱请人施工建造的。

　　据说,新桥落成之日,春和景明,人头涌动,人们皆以"先登为快"。正在热闹的时候,只见一只矫健的梅花鹿竟然从鹿山丛林中突然窜下,径直跑到了桥头才止步。村民无不惊讶。但见梅花鹿回首仰望,连鸣三声,随后隐入到鹿山丛林之中。大家正在议论纷纷的时候,现场一位老翁开心大笑,连声叫好。众人忙问其故。老翁捋了捋胡子,微笑着解释说:"鹿为仙兽,古人常把鹿与寿星画在一起,为福禄寿全之意也。自古以来,金林人把鹿山、鹤山都称为寿山。今天,石桥落成之日,山上的神鹿也前来助兴,真是天意啊!"在老翁的提议下,众人高兴地簇拥着谈惟精,恳请他为新桥取名。谈惟精笑着说:"既然有梅花鹿前来贺喜,就叫'寿山桥'吧!"众人拍手叫好。从此以后,"寿山桥"的名字就传开来了。

　　江山留胜迹,我辈复登临。炎炎盛夏,笔者偕同村中兄弟重上古桥遗址寻幽探胜。遗憾的是,寿山桥的桥面已不复存在,代之为一条水泥石子建成的灌溉用水渠。桥洞两侧的石墙仍然完好,但被乱草杂树淹没了。只见北端桥头上,还散落着几块花岗岩断石,无声地诉说着岁月的沧桑……此情此景,让人感慨。笔者清楚地记得村中老人说过,此桥当时还镌刻着一副绝妙的对联,可惜对联也随着桥的消失而未能留传下来。

为铭记先贤功德，为增添雅兴，笔者补上一联，以表寸心：

寿桥拱月拱桥寿，
山鹿鸣春鸣鹿山。

（2014 年 8 月 26 日发表于《西江日报》）

金林的城门

　　城门多，且建筑别致，是金林水乡的一大特点。综观国内城垣，每城大都分东南西北四门。金林之城门却与众不同，计有上林门（北门稍偏西）、太里门（西门）、长寿门（南门）、余庆门（东门）和积善门（东北门）五大城门。据地舆学家所说，因金林属"寿星、金龟、蝠、鹿、鹤"五灵之地，故多出一门。

　　肇庆宋城和全国各地的许多城门都是以城墙为顶，下开拱门式的城门。而金林的城门则是楼阁式的城门。按其形状构造来说，可称其为"城堡"。金林之"城门"大体呈正方形或长方形。四周墙体的上部，皆置有以方石凿就的两相对称的可供瞭望或射击用的瞭望孔（方石圆孔）。城墙下方设供行人过往的两个城门。城门正上方，皆镶嵌着用花岗岩石板刻上城门名字的匾额（至今保存完好的，仅存"积善""余庆"两方石匾）。城门的两旁，还衬上一副精彩的对联。城内异常宽敞，可供小商摆卖、族人闲坐聚会，还供有神台佛像，且绝不影响过往行人。

　　清末时期，金林乡副乡长谢有年，曾在"积善""余庆"两城门上，分别题写了"积德家余庆，善心世太平"和"余从俭里得，庆自善中来"两副鹤顶格联语，使古朴雄伟的城楼更添雅致。其中最有名气的城门，首推地处村内中心位置的长寿门，此门城墙东西走向，而城门却有东、西、南三门，比其他城门多出一门。究其原因是所处地理位置所需，它既是东西的通道，又是南北交接之门。城内甚为宽阔，除北面供奉一寿星公神像外，还可摆卖猪肉、牛肉、鸡鸭、豆腐、果蔬等日常用品。令长寿门声名鹊起的还有赖于分别刻于三个城门口两侧的一副巧对。

　　逢迎远近逍遥过；
　　进退连还道达通。

　　全联十四字均含"走之旁"，又切合城门地理特点，可谓匠心独运，巧妙天成。

　　美哉！金林之城门。

金林三级水电站

过去，金林村北面的东尚岗，有一座让村民引以为豪的水力发电站——三级水电站。

《德庆县志》（1996 年 7 月第 1 版）第六章第二节"水电建设"中，有这样的一段记述：

"三级电站是县属最先建设的水电站，1961 年 3 月动工，1962 年 5 月投产。引水陂高 2 米，长 45 米，浆砌石结构，引水渠长 3 公里，坡降 1∶1 000，底宽 1.6 米，渠深 1.8 米，钢筋混凝土压力管两条，一条径 0.6 米，长 42.1 米，一条径 1 米，长 48.1 米，水头 20 米。最初用一台 HL300WJ-42 水轮机，皮带拖动 75 千瓦和 45 千瓦两台电机发电。1964 年将皮带传动两台电机改为直轴传动一台 125 千瓦电机，1967 年增装一台水机 HL300WJ-60，配套一台 TSWN99/26/12 电机。额定出力 250 千瓦，1971 年以后仅以 250 千瓦机组运行。四级电站，即金林大队电站，由金林村建设，1963 年 10 月投产。水头 14 米，装机 40 千瓦。五级电站即栗子岗电站，由官圩镇建设，1975 年 5 月投产。"

《德庆文史》（第 15 辑）中由温爱民先生撰写的《德庆电力工业史略》里，对当时三级站的情况，有更详尽的记述。

1961 年 3 月，金林三级水电站工程指挥部成立，由分管工业的书记陈国光任总指挥，林添赐、叶耀棠、陈荣森任副指挥，从工交水利等部门抽调了徐国坚、秦一泡、徐炯年、李南、刘健、林巨英、何敬等参加建设大会战。

水电投入商业运程是 1962 年 5 月 1 日，金林三级水电站正式投产，郭英副县长为水电站剪彩。第一期装机 40 千瓦，水轮机为 HL300-WJ-42 型。后来增加一台 75 千瓦发电机。运行方式为一台水轮机同时带动两台发电机。投产第一个月即 5 月份就发电 6 174 度，6 月份安排发电 12 000 度，同月煤气机只安排发电 3 400 度，1962 年的发电量完成 14.567 万度。其中水电完成 8.728 万度，火电完成 5.839 万度。据此，德庆的供电由以火电为主过渡到以水电为主。从 1961 年下半年开始改用"德庆县德庆电厂"厂名，甘国雄任第二任支部书记，有职工 37 人。设动力车间，车间主任李达；电力车间，车间主任林巨英。由于大量的业务已经转为水电，因此，电厂的大部分机构迁到金林三级水电站。留下部分人在电厂旧址（即现环城路供电局宿舍区内），同时在东门三角街口设立"电厂营业部"，开展用电业务工作。

1963年，水电站设行政干部、车间组长。三级水电站还附设了一个碾米车间。电厂厂部设电器修理组、内线值班安装维修组、外线架设维修组。厂部全面负责人为甘国雄、林巨英、叶儒。

"近水楼台先得月"，金林村是全县第一个用上电灯和碾米机的村庄。1964年，扩大发展了第一批农业生产用电户，计有新圩公社，官圩公社的旺安、五福、大江大队。新架设高压线路线损、变损明显下降并加强电表、街灯、包灯户的管理。从1966年开始，逐步淘汰金林—德城高压线路的杉木电杆。

1963年7月1日，金林一级电站投入第一台机组运行，8月1日又投入第二台机组，1971年5月20日，金林二级电站投产，发电能力进一步提高。

金林三级水电站原址（江军辉摄）

金林三级水电站车间（江军辉摄）

"矮门儿" 折射出来的性格

　　旧时，金林村许多"住家屋"门口，两扇大门的前面还装有两扇矮门（金林人习惯称之为"门儿"）。白天，家家户户开了大门，矮门儿却总是关着。原来，人出入后都随手将矮门儿关上，防止户外的鸡犬等牲畜进来。听长辈们说，这两扇矮门儿最初并不是用来阻挡牲口的。据说是要挡住被嘉靖皇帝发配岭南，沿途乞讨苟延残喘的大奸臣严嵩！

　　人们为何如此憎恨严嵩？事出有因。

　　在中国历史上，严嵩可以说是利用首辅之权大肆贪污的典型。史学家说"严嵩之纳贿，实自古权奸所未有"。他善于谄媚逢迎，深得嘉靖皇帝宠信，因而仕途通达。他位居内阁首辅等要津20多年，权势滔天，不仅招权纳贿无孔不入，而且凶狠地将反对者或贬或罢甚至处死，企图钳制百官之口，树立个人淫威。然而，还是有一批勇于抗争的官员，没有被其淫威所吓倒，"知不可为而为之"，对其进行了针锋相对的斗争。杨继盛就是其中杰出的一员。

　　杨继盛（1516—1555），字仲芳，号椒山，直隶容城（今河北容城）人。嘉靖二十六年（1547）进士，授任南京吏部主事，后调北京任兵部员外郎。嘉靖二十九年（1550），蒙古俺答部侵犯边境，奸臣严嵩的同党大将军仇鸾请开马市以和之，杨继盛上书《请罢马市疏》，力言仇鸾之举有"十不可""五谬"，坚决反对。严嵩极力庇护仇鸾。杨继盛因上疏获罪被贬狄道（今甘肃临洮）典史。杨继盛在狄道期间兴办学校、疏浚河道、开发煤矿，让妻子张贞传授纺织技术，深受当地各族人民的拥戴。一年后，俺答部依然扰边，马市全遭破坏。明世宗知继盛有先见之明，再度起用他，调为山东诸城县令，改任南京户部主事、刑部员外郎、兵部武选司，半年左右连迁四职。但终因明世宗昏庸、朝政昏暗，杨继盛再次被严嵩诬陷下狱，备受严刑摧残。

　　杨继盛临死时，神态安详，昂首挺胸，视死如归，当众放声吟诵绝命诗：

　　浩气还太虚，丹心照千古。
　　生平未报恩，留作忠魂补。

　　这一天，严嵩终于除掉了这个动摇自己权位的人，殊不知，就在严嵩得意忘

"天地同流"的矮门儿

形的时刻，杨继盛用他的死向全天下揭露了严嵩的真面目，为严嵩的垮台埋下了种子。

果然，杨继盛死后七年，严嵩父子被礼部尚书、东阁大学士徐阶等人斗倒，并不得善终。明穆宗登基后，为前朝冤案平反，杨继盛是第一人，并追赠其为太常少卿。

后人纷纷以不同的形式纪念这位不屈不挠的直谏英雄，对严嵩父子却恨之入骨。在他们的眼里，奸臣贪官都是衣冠禽兽，连牲畜都不如。

矮门儿的传说，似乎有点牵强附会，也有可能是文人墨客杜撰出来的，但它却生动地折射出了金林人爱憎分明的朴素的性格情感。

独特的"一年一圩"

　　金林村有一个别具浓郁乡土风味的传统圩日（也叫"圩期"，集市开市的日子）。每年的农历五月十三是一年一度的"圩日"，此日热闹非凡，令人津津乐道，流连忘返，个中乐趣，只有身临其境方能体会。

　　每逢圩期，方圆上百里的村民、商贾都云集金林趁圩（赶集）。这天，在金林岭头一带摆满竹器、木器，主要有禾桶、担挑、禾枪、牛尿桶、牛轭、木犁等农具；还有台、椅、柜、盆、篮等各色日常用品。趁圩者人山人海，有买卖者，有探亲者，有相亲者，还有拜龙母、拜关帝者，人来人往，熙熙攘攘。

　　圩日形成于何时，村中的老人也说不清楚。传说悦城龙母在官圩镇有六个行宫，在龙母诞前后龙母到各行宫巡游，每到一处，就形成一个集市。金林村北面有一座远近闻名的"庆安宫龙母庙"，当时因交通不便，金林乡一带群众到悦城较为困难，故每逢龙母诞期便集中到金林来拜祭龙母。龙母诞后的农历五月十三日，是龙母巡游"庆安宫"的日子。该日人如潮涌，热闹非常。久而久之，金林村便在每年的这一天形成了这个特别的集市。

　　另一种说法是，原来古时金林村在农历五月十三这一天举行纪念关羽的活动——关帝炮会。当日各地的参与者甚众。因近夏收夏种时节，于是逐渐形成了既是赴会观光又是为夏收夏种准备生产、生活物资的买卖集市。

　　丰富多彩的民间活动是圩日的一大热点。当日由早到晚来"庆安宫龙母庙"祈求风调雨顺、五谷丰登的善男信女络绎不绝。拜祭仪式结束后，还有舞鸡，舞狮，八音化装游行，唱采茶歌、粤曲、山歌和跑旱龙等民间活动表演。在庆安宫背后的晒场上，还搭起彩棚、神坛，开展一连几天的打醮活动。打醮是民间最古老的僧道设坛作法的一种祭祀习俗。古时，人们把一切天灾人祸归于鬼怪作祟，于是设坛驱之。现作为一种民间传统娱乐项目保留下来，表现了人们扶正祛邪，祈求幸福吉祥的强烈愿望。活动期间，有和尚、道士设坛作法，并表演"上刀山、过火海、下油锅"。所谓"上刀山"，就是用一把把锋利的刀扎成刀梯，刀口向上，和尚或道士赤着脚往上爬。为了表示刀口的锋利和表演者的"法术"，在刀口上放了一叠厚厚的纸钱，人爬上去的时候，用力把纸钱踩成两段，但脚板无伤。面对架起的刀山，观者也会纷纷赤脚逐级向上攀登，勇敢者祈求自己在接下来的一年里将会顺顺利利、无往不胜，场面颇为壮观，令人叹为观止！

所谓"过火海"，就是在地上燃烧着宽约一米，长约数米的木炭，接着和尚、道士在木炭中烧起灵符，口中念念有词，然后人们赤脚从炭面走过，而脚毫无损伤。这又是杂技的一大奇迹。

所谓"下油锅"，就是用火烧着一锅生油，看上去油已煮沸的时候，就把钱投进锅里，而和尚、道士即卷起衣袖，伸手到油锅中把铜钱一个个捞出来，结果也毫无损伤。这类活动，现在某些少数民族地区特别是旅游区里还有表演，作为一种民间艺术特色，供人们娱乐欣赏。打醮活动结束后，最后一个活动就是"赶蛟龙"。由一人穿着白衣，拿着一个用竹篾扎成，并糊上纸的"蛟龙"向村北面盘龙峡方向跑去。僧、道和群众一边燃放爆竹，一边齐声吆喝追赶，直到"蛟龙"在人们的视线中消失为止。这一活动，大概是表示把害人的妖魔赶跑，表达将会给人们带来幸福安康的良好愿望。

直到现在，每逢圩日，热情好客的金林村民，照样会宰鸡杀鸭准备好一些山村美食，热情招待前来"趁圩"的亲戚朋友，家家户户像过年一样忙得不亦乐乎。

金林村"一年一圩"盛况（徐向光提供）

细说五月十三

　　每年农历的五月十三，这一天虽不是什么大节日，但金林人却十分重视。是日，家家户户宰鸡杀鸭，沽酒割肉，大摆筵席，热情招待前来"趁圩"的亲朋好友。俨然茂名、湛江一带的"做年例"，人人忙得不亦乐乎。

　　现代"趁圩人"，大体只知道这是远近闻名的"金林一年一圩"。其实不然，农历五月十三，还有着十分丰富的内涵。

　　这一天，与众多神仙有关。相传这一天是下雨节，是关老爷的磨刀日；又是城隍爷、关平太子千秋，伏羲诞辰。

　　据说，到了明代，才开始确定农历五月十三为关公圣诞。从此，全国乃至海外凡有华人的地方，会选在这一天举办相关的关帝节祭典活动。

　　东扶炎汉，西定巴蜀，南拒孙吴，北吞曹魏。在当年费尽了圣武神谋，不想那两朝四百；

　　义重君臣，情深兄弟，生全节义，殁显威灵。到如今只落得普天率土，共庆这五月十三。

　　这副绝妙的联语，道出了农历五月十三这个祭祀关帝的习俗，绝非局限于金林或某个特定的地方，而是"普天共庆"。关公，为何能享此厚遇，值得我们探讨。

　　关公，即三国时代蜀汉的大将关羽，是一位义贯千秋，忠贞不贰的英雄好汉。历代统治者用集忠、孝、节、义于一身，合儒、释、道三教为一体的关羽来教化臣民，维护封建秩序。

　　明清时期，祭拜关羽的习俗在民间达到巅峰。关羽此时有"武圣人"之称，俨然与"文圣人"孔子并立。

　　肇庆将军山忠义轩有副门联：

　　儒称圣释称佛道称天尊；
　　汉封侯明封王清封大帝。

　　联意直说即关羽受儒、佛、道三家崇拜。

过去，金林的关帝像旁，亦有过一副概述关公生平的对联：

数定三分，扶炎汉，伐魏讨吴，辛苦备尝，未了平生事业；
志在统一，佐熙朝，伏魔荡寇，神威远震，只完当日精忠。

村中的"讲古佬"（粤语，意为说书人）赞誉关羽，说关圣帝君生平义气贯乾坤，以"仁、义、礼、智、信"著称。千里寻兄为"仁"，华容放曹为"义"，秉烛达旦为"礼"，水淹七军为"智"，单刀赴会为"信"。更有人认为，关公"对国以忠、待人以仁、处事以智、交友以义、作战以勇"的英雄形象深入人心。故关公的形象被不断美化、圣化和神化。为此，千百年来，关羽广受民间崇敬。

炮镜
（注：此图为1947年农历五月十三日金林村最后一届"关帝节炮会"吉祥物）

村中老者说，旧时，民间还相信关帝具有司命禄、佑科举、治病除灾、驱邪避恶、巡查冥司，乃至招财进宝、庇护商贾等多种法力。因而每到农历五月十三日，方圆数十里的善男信女，便云集金林，隆重集会，参与"关公出巡""关帝炮会""跑旱龙""舞龙舞狮""飘色巡游"和"演神功戏"等活动。人们焚香祭拜，敬献供品，奉祀关帝圣君，祈求风调雨顺、国泰民安。

村中祭祀关帝的活动，于1947年农历五月十三日举办后，至今没有再办过。但人们清楚地记得，末次炮会的夺魁者是余庆门的谢巧南，第二名是四方头的谈遂溪。那面端庄铮亮的炮镜，而今还完好地存放在笔者祖居的厅堂上。透过炮镜，人们似乎听到了隆隆的炮声，似乎又看到了当年硝烟弥漫，炮火冲天，你争我夺的沸腾场面……

斗转星移，岁月悠悠。金林的关帝庙会随着光阴的流逝而湮灭了。但那一年一度的"庆安宫拜龙母"和农耕文化产生的"一年一圩"，却得到了传承。每年的农历五月十三，人们还能从中领略到关老爷磨刀水的洗礼。百姓祈求风调雨顺、国泰民安的愿望，虽然带有迷信的色彩，但不失为一种有益的民间信仰和文化现象。

孔家巷

金林有一条古色古香的孔家巷。

据德庆学宫（孔庙）孔氏源考记载：德庆安诵房为孔子45代孙惟翰的后裔。孔子46代孙安诵（又名孔志），于宋高宗绍兴元年（1131）授德庆府朝奉郎。安诵房后人定居德庆城北门外香山之阳的孔竹根，官圩金林支是孔竹根房的一个分支。

据旧谱资料显示，金林支的始祖是孔子65代孙孔衍昌。衍昌与"衍"字辈的几位族兄弟一起由孔竹根迁往官圩社尾，后来又由社尾迁至金林定居，金林村现有安诵后人约160人。

孔子在金林的历代子孙究竟有何业绩，因时代变迁的缘故，无从查考。据当年95岁高寿的孔庆荣老人所述，孔姓老太公当年有田地200多亩，生下五子，并为每个儿子建下一座大屋。孔家大屋从结构来看，一般只有单座。厅前为天井，天井两旁，一为门楼，一为厨房。厅内设房四个。厅之后部分设有屏风、神楼。厅堂内点缀的名家字画或家训之类的条幅与古色古香的家具陈设相互辉映，呈现出"万世师表"后代的书香门第气息。康熙年间，金林孔家巷先后出了两位秀才和两位贡生，可惜这些挂于门楼上方的匾额无一幸存。

孔家大屋的门廊、屋檐等字画甚有特色，木雕、灰雕、石雕也颇为精致。其门楼的"推龙"是目前保存较好的历史遗物。据悉，"推龙"是当时大户人家为防盗偷抢而设的"二重门"。从上述的人文景观看，金林孔家巷的子孙，曾有过一段辉煌的历史。

孔家大屋一角（温爱民摄）

庆安宫门前的石羊

金林村岭头北面的庆安宫龙母庙，门前有一对栩栩如生的石羊。关于这对石羊的来历，有一个神奇的故事。

很久很久以前，金林村还是一个人烟稀少的村落。那时，旱涝无常，时而风沙肆虐，田地干涸；时而大雨倾盆，河水泛滥。人们苦不堪言。

慈爱无私的悦城龙母，云游大雾山察看民情后，发现土地肥沃、民风淳朴的金林，居然遭此祸害。她看在眼里，急在心上。为帮助村民解除厄运，龙母于大雾山深处，点化了两只白山羊前来相助。

一天早上，人们突然发现大雾山上出现了两只白山羊，并不时传来"咩咩"的叫声。待到太阳下山时，山羊遂隐入林中。自始之后，一连数天依然如此，人们甚觉怪异。一天夜里，狂风大作，电闪雷鸣，暴雨又至。可是，天亮后，风停雨止，蓝天白云，风清气爽，四野田园毫无损害。人们还惊奇地发现，白山羊走过的地方，昔日的荒漠变成了绿洲，干涸的山溪流水淙淙。村民们欢呼雀跃，奔走相告。道是神羊显灵，福荫黎民。于是，村民们群策群力，垦荒拓种，辛勤劳作。由于连年风调雨顺，五谷丰登，人们过上了安稳的日子。

然而，好景不长，一天，不知从什么地方，来了两个恶人。他们强占了田地和水源，逼迫村民缴纳沉重的租金，还凶神恶煞地要将山羊抢走。村民们怒不可遏，纷纷拿起锄头、扁担追打恶人。眼看寡不敌众，恶人叫来了一个会施法术的巫师。巫师朝大雾山瞟了一眼，口中念念有词，然后举起拂尘凌空挥舞起来。刹那间，天昏地暗，飞沙走石，那巫师竟移来一座石山，将两只山羊重重地压住了。

眼看救羊无望，村民们伤心欲绝。他们到吉岗河边，点燃了香烛，朝大雾山方向祭拜，祈求苍天惩治恶人。此时，龙母驾着祥云飘然而至。"恶人休走！"龙母大喝一声，拿出发簪，直向石山插去。轰的一声，石山四分五裂。这两个恶人，当场被乱石砸死。突然，一团团祥云升起，一条大峡谷显露在人们眼前，滔滔的山水直向吉岗河涌来。一会儿，人们发现有两个木头人漂来，漂到村民跟前时，却靠岸停住了。人们纳闷了，将它们打捞上岸后，木头人却变成了一对雪白的石羊。惊疑间，人们只见龙母在半空中将一方丝巾抛下来，然后驾着祥云飘然而去。人们深情地恭送龙母后，到岭头北面的高台上将丝巾拾起。丝巾上书：

木人变石羊，原是白山羊。
庙前来守望，人间得祯祥。

众人不解，求教风水先生。风水先生说，"此乃龙母训示，若在丝巾飘落处建庙宇一间，庙内设神坛，庙前安放石羊，村民若有所求，点燃香烛，神灵可鉴，则祯祥可得了。"此时，人们明白，这一切都是龙母的恩泽。为感恩龙母，村民们便建成了这座龙母行宫——庆安宫龙母庙。庙内供奉着龙母神像、牌位，千百年

庆安宫龙母庙正门

来，香火不断，万民敬仰。庙门前的那对石山羊，则昂首静卧，默默地守护着这里的山山水水，守护着大雾山下的黎民百姓。

在二十世纪六七十年代，这座庙宇惨遭破坏。万幸的是，那座神圣的"悦城水口龙母"的牌位和那对神奇的石羊，在村民的合力保护下，方得重现于世。正是：

天布甘霖苏万物；
地迎时雨济群生。

龙母利泽天下、亲和团结的精神远播。百姓们都钦仰龙母的品行容止，因而抱着虔敬而又喜悦的心情前来庆安宫龙母庙礼拜龙母的人至今络绎不绝。

石羊

庆安宫龙母庙殿堂前保留着的谢翰书写的革命标语

庆安宫龙母庙重修记事

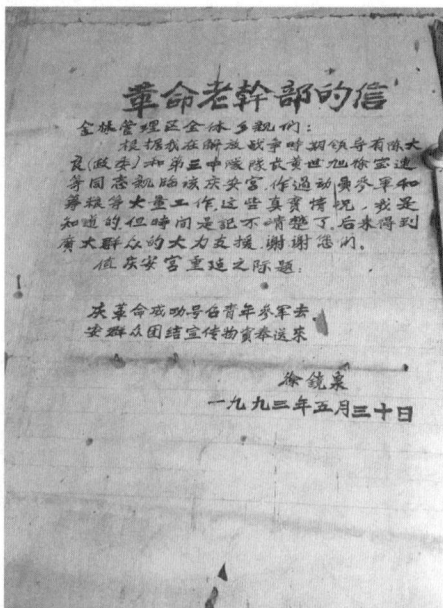

写在庆安宫龙母庙墙上的革命信件（谢国德摄）

金林油糍

　　金林多美食。单油糍类，就有延嗣（油糍）、油炸滞（油炸糍）和油炸鬼（油条）三种。

　　延嗣，即油糍。做法并不复杂。先将一定比例的糯米粉和粘米粉掺和，兑上适量的糖水（红糖、白糖均可）和成一个个小粉团，再蘸上少许白芝麻，然后分批放到油锅里炸。油炸时，用油匙将粉团上下翻动，并反复挤压，使空气入内并受热均匀。待至油糍外圆中空，色泛金黄时，捞起晾放即成。出炉的延嗣，圆润金黄，入口香脆甘甜，是一种难得的休闲小食。

　　金林人为何将油糍叫作延嗣呢？听长者们说，嗣，有延续的意思。子嗣，指后代，嗣后也就是延续后代。明·唐顺之《答俞教谕书》："嗣后更望时惠尽言，此仆之所汲汲而求也。"《清史稿·世祖纪二》："念此仆隶，亦皆人子。苟以恩结，宁不知感？若任情困辱，虽严何益。嗣后宜体朕意。"再者，后嗣又有后昆、子孙的意思。还有，令嗣犹言"令郎"，旧时称对方儿子的敬辞。宋·王禹《五哀诗》："鲤庭有令嗣，凤阁登仙署。"

　　由此看来，金黄圆润的油糍，不但象征幸福美满，还寓意"早生贵子，延续后嗣"。这可能就是金林的祖辈把油糍叫作"延嗣"，并把它作为一种婚嫁必备茶礼的原因吧。

　　有一款油炸糍，金林人称其为"油炸滞"。做法是用糯米粉加上适量的食盐等调味料，用烧开的水高温淋下，揉成粉团，在粉团里分出一个个小粉团。再将小粉团捏成圆形的小薄饼，把用绿豆、葱花、食盐等制成的馅料包裹成"滞"。待油锅里的油温升至五六十度时，将"滞"一个个地放到油锅里炸煮。当油滞上浮时，用筷子上下翻动，使之受热均匀。到油滞表层起花（产生一个个小气泡），色呈金黄时，捞起即可。新出炉的油炸滞，外层香脆爽口，内里咸香诱人，是种老少咸宜的美食。

　　"这款美食，分明是油炸糍，金林人为何叫它油炸滞呢？"这个问题，曾经难倒了不少人。

　　2003年1月28日，金林村经过短短的66天开发奋战，"金林水乡旅游景区"建成并举行了热闹非凡的开线迎客仪式。当中有个与游客互动的项目是免费派发500个油炸滞给游客品尝。那时，场面火爆，游客赞声不绝。不料前来采访报道的记者提出了金林人为何将"粽"和"糍"都叫作"滞"的问题。众人一时回答不了，便将矛头指向了作为景区旅游文化负责人的笔者。这个突如其来的"难题"，差点令笔者出了洋相。好在笔者当时想起了20世纪60年代末金林卫生院名老中医谢汉清和病人说过的一番话，从中得到了启发，才解了围。

那时，生活水平较低。只有到民间节庆时，才能吃上一顿较好的饭菜。金林一带，在节庆期间，还会包粽、炸糍等，做出多种美食以增添口福和节日气氛。而这些丰富的菜肴，加上这些用糯米做成的粽、糍，吃多了便会消化不良，产生胃脘胀满、疼痛、厌食、嗳腐吞酸，甚至腹泻诸症。在生活困难时期，这些症状，往往被人们称为"节后病"。当谢医师给这类病人诊断后，都会说一句"精神"。开个消积化滞的药方后，还会对病者戏说一句："这回，你该知道人们为什么要把粽叫作滞，把糍也叫作滞了吧！"

此时，笔者方才明白，滞，有凝积、不流通的意思。积滞，中医病名，暴饮暴食，特别是难消化的东西，吃多了便容易导致滞胃。金林人之所以把粽和糍等类食物都称为"滞"，旨在提醒人们吃这类食品时，要注意节制。美食虽好，但不要贪吃，否则容易得病。看来，这个科学饮食的道理，尽在这个"滞"字上体现了。

记者和游客们听了笔者的解释后，点头称是。还有人认为，把粽和糍称为"滞"，还起到了科学饮食的警示作用。

油炸鬼，很多地方都叫油条。为什么金林一带却称它为油炸鬼呢？传说是南宋末年，谢纯带着他的儿子谢文晏［宋代绍熙四年（1193）进士，殿中御史］避难德庆时，将这个叫法带来并传扬开去的。

《宋史》记载：南宋高宗绍兴十二年（1142），岳飞父子被秦桧和他的妻子王氏施计陷害于风波亭。京城临安（今杭州市）百姓闻讯后，人人义愤填膺。当时一个在风波亭附近卖早点的饮食摊贩，抓起一块面团捏成一男一女两个小人，将它们背靠背粘在一起，丢进油锅里炸，称之为"油炸桧"，以泄心中之恨。摊贩将油炸桧做好后，便高声叫喊："吃油炸桧啰！吃油炸桧啰！"这时，买早点的群众也心领神会地跟着喊起来，并大口大口地嚼起油炸桧来。据《清稗类钞》："油炸桧，长可一人，如绳以炸之。其初则肖人形，上二手，下二足……宋人秦桧之误国，故象形以诛之也。"难怪有"愤怒出诗人，愤怒也出油条"之说。

后来，人们认为秦桧这个大奸贼不配叫作人，是地地道道的厉鬼。而"桧"和"鬼"又谐音，故人们干脆将油炸桧改叫油炸鬼了。为了发泄心中愤恨，各地群众争相效仿，金林一带的百姓也不例外。自此之后，便将油条叫作"油炸鬼"了。

八仙峒的传说

"味招云外客，香引洞中仙"，这是人们耳熟能详的一副饮食名联。但"靓汤滚一滚，神仙坐不稳"这句地方俗语，却很少有人知道它的来历。千百年来，德庆县官圩镇八仙峒村流传着这样的一个故事。

距金林大雾山西南面十余里的金鸡山下，有个八仙峒。古时候，这个山村名叫大众塘。村民靠耕种村前大片的低洼地庹日。由于村民团结互助，辛勤耕作，生活虽不算富裕，但仍能安居乐业。后来，不知从什么地方，来了伙自称"山大王"的强盗，霸占了他们的村庄和田地。村民生活无着，饿时便捉些山坑鱼虾，摸些山蟹、坑螺和摘些山果野菜充饥。

一天，有个村民将捉到的山蟹和挖来的五指毛桃根茎一同放进大锅里熬汤。汤水煮沸后，香气诱人。村民正想尝鲜。此时，吕洞宾与众仙云游大雾山后，刚好途经此地。五指毛桃山蟹汤特有的香味扑鼻而来。众仙甚觉奇怪，闻香止步，急寻出处。到了村民跟前便问："锅里煮着何宝物，竟如此清香引人？""哪来什么宝物，村庄和田地都被强盗霸占了。我们只好将这些山蟹和树根熬汤充饥罢了！"村民不好意思地继续说，"如不嫌弃，请众位喝一口解解渴吧！"众仙品尝后，顿觉一股甘甜的清香直沁肺腑，想不到民间竟有如此美味的东西。风流倜傥的吕洞宾，更是戏说："若得民间汤如许，只羡布衣不羡仙！"众人听后大笑起来。高兴之余，村民齐声邀请众仙久住。为报答村民之盛情，众仙合力铲除了强盗，帮村民夺回了村庄和田地，还帮助他们修桥筑路，治理荒山，使村民恢复了正常的生活。为了铭记八仙的功德，村民们便将大众塘村改名为八仙峒了。

说到五指毛桃山蟹汤，后来还发展成了一道老少咸宜的清补药膳。据载，五指毛桃，性温，气味芳香，有补气固表之功。山蟹，甘咸寒，补骨髓利关节，有养筋活血之效。二者配伍，主身者神，养气者精，益精者气，资气者食，食者生民之天，活人之本也。想不到寻常的一个小汤，还有如此特殊的功效。怪不得吕洞宾喝过此汤后，会戏说"神仙也不愿当了"。

近年来，为了丰富饮食文化，八仙峒的村民在官圩桥头旁开了间"八仙酒楼"。酒店的特色菜谱中，还特地推出了这款带有"仙气"的五指毛桃山蟹汤，令不少过往食客为之倾倒。

酒楼开张时，笔者应邀撰写楹联一副，以示祝贺：

八仙酒醉杏花雨；
陆羽茶香杨柳风。

（景点解说词）

万千"知了"闹水乡

每当夏天，金林水乡景区北秀湖边的槐花树上成千上万只蝉"知了""知了"地齐声高唱。其声忽高忽低，忽断忽续，此唱彼和，仿佛是一个阵容庞大的合唱队，震天动地，煞是动人，给本来就十分火爆的旅游景区更增添了几分热闹。

蝉，是一种昆虫，雄性的腹部有发声器，能发出尖锐的声音，似叫"知了"。村中老人说，未到盛夏就有这么多的蝉飞来实在奇怪。环保专家则说，这种现象可能是金林村创建环保生态文明村后，推进了人与自然的和谐发展的结果。

自古以来，咏蝉者不乏其人。虞世南"居高声自远，非是藉秋风"是清华人语；骆宾王"露重飞难进，风多响易沉"是患难人语；李商隐"本以高难饱，徒劳恨费声"是牢骚人语。同一咏蝉，比兴不同，但皆为托物寓意。

火爆的"五一"黄金周结束了，然而，环境优美的金林水乡的蝉声却愈奏愈烈。有雅兴出游的人士，大可到水乡亲自体验一下"蝉噪林愈静，鸟鸣山更幽""蝉鸣槐叶雨，鱼散芰荷风"的醉人意境。

古屋吊兰

金林村孔家巷一间古屋庭前的照壁上，有两丛不起眼的附生吊兰（亦叫气生兰）。自金林水乡开发为旅游区后，它得到了广大游客的青睐，吸引了无数的相机镜头。一丛碧草，一箭琼花，竟博众爱，确属奇观。

古屋吊兰（温爱民摄）

屋主孔宪权（1908—2006）之爱兰，源自其祖。当年其厅堂一侧，曾悬挂一联："松柏老而健，芝兰清且香"。其祖先孔子酷爱兰花，有"与善人居，如入芝兰之室……与之化矣"之说。其65代衍之居迁往金林村时，曾带来兰花多种，可惜至今仅存这两丛附生吊兰。此兰四季常绿，清明后开花。它攀附墙上，穗状的花序直垂下来，恍若一串串珍珠蝴蝶，煞是好看。吊兰要求于人甚少，不占土地，无需淋水浇肥，却自个儿贴住墙壁顽强生长，显示出自尊、自爱、自强不息和高洁、典雅之风采。

当你于门外遥闻兰花之幽香，入室仰见吊兰之高雅时，定会满心愉悦，脱口赞曰："久坐不知香在室，推窗自有蝶飞来！"

（景点解说词）

美哉，盘龙峡

从金林向北走十多公里，便可到达一个灵气、秀美、幽深、神秘的地方，这便是闻名遐迩的盘龙峡。

这是一个原始自然生态旅游胜地，也是一个可以体现中国龙文化团结和谐、自强不息精神内涵的风水宝地。

景区内峡谷漫长，大大小小的瀑布共 100 多个，是首个得到广东省旅游局认可有 10 级以上瀑布群的旅游景区。被誉为"亚洲罕见，广东第一"的盘龙峡瀑布群，2005 年被中国权威旅游杂志《中国国家地理》评为"广东最美的地方"。

养在深闺——盘龙峡

这里峡谷幽深，溪流遍地，泉水叮咚；这里山势高峻，林木葱茏，千姿百态，鸟语花香；这里的烟雨瀑布、聆天瀑布和腾龙瀑布三大天然奇观，更是气势磅礴，令人神往。那一份奔腾，那一份宣泄，那一份神奇让人痴迷。

德庆是龙母的故乡，而龙母有功于国、有德于民的故事，乡村及坊间佳话均有流传，妇孺皆知。话说当年龙母养了五个儿子，小儿子金色斑龙特别调皮，经常在西江嬉戏玩水，兴起时兴风作浪，搅得西江两岸人民不得安宁。龙母一气之下，便想把斑龙送到离康州城西北部 30 公里外的一个山清水秀、林木幽深的峡谷，让他在那里修炼思过。谁知那峡谷遭受一阵雷击，引起连天大火，足足烧了七七四十九天，将方圆 10 多里的草木全部烧毁。从此以后，峡谷里种树树不生，种草草不长，溪水断流。山民们在百般无奈之际，忍痛告别家园，到其他地方垦荒谋生。从此，这光秃秃的峡谷成了人与野兽都不踏足的不毛之地。

峡谷里有位名叫德龙的年轻汉子却不听他人劝告，独自留在峡谷里。他食野果，住洞穴，并坚持从洞口往外不断地植树。为绿化荒山，治理荒谷，他日复一日，年复一年，每天坚持到 10 多里外的山溪去挑水。

一天，龙母驾云在返回悦城龙母庙途中巧遇德龙，问明原委后，龙母大受感动。即召来五龙子，令他们速去帮助当地百姓寻找水源，治理荒山，恢复家园。五龙子及东海龙王的九公主听后，拍手叫好，表示全力支持。说完，他们腾飞上天，在峡谷上空来回盘旋，对着已停喷多时的泉眼不停地吐龙涎。当多道龙涎汇合流进泉眼后，忽然，随着一声惊天动地的巨响，一股水柱腾空而起，落地后再往下边的悬崖峭壁冲去，眨眼间，漫长的峡谷里出现了百多道大小不一的瀑布。

泉眼打通后，滔滔的泉水流进了干涸的土地，原本枯萎了的树木与草根，很快就长出了嫩芽来。德龙高兴得手舞足蹈，连忙将这喜讯告诉了远逃的乡亲。乡亲们纷纷从外地搬回了家园，开垦种植，安居乐业，世代相传。从此以后，这光秃秃的峡谷，变得树木葱茏，清流激石，瀑布成群。

康州人感恩于龙母及众龙子之功德，便把这峡谷命名为盘龙峡。峡谷中最大的三个瀑布，分别被人们取了优美的名字。一名烟雨瀑；一名聆听瀑；一名腾龙瀑。虽同为瀑布，但风格迥异，各领风骚。

清凉世界——烟雨瀑

烟雨瀑位于奇趣水车群下方，因其瀑布轻逸飘洒，如烟似雨而得名。瀑布高76米，崖壁坡度约80度，是盘龙峡中第二大瀑布。它气势恢宏，湍急水流从悬崖上直泻而下，撞击在岩石上，水花激溅，升起团团水雾，弥漫在峡谷之中。这水雾如薄云，似轻烟，仿佛要把整个峡谷严严实实地笼罩住。飞花碎玉，烟雨妖娆。栈道上的行人，似乎都被托起了身体，悬在半空中。面对这升腾的烟雾，令你觉得自己也动了起来，好像已不是在人间，而是融进了虚无缥缈的仙境。倘若仔细一看，你定会大笑起来，游人的头发、眉毛、胡子都挂上了晶莹的水珠，那冰冰凉凉的感觉，奇趣无穷。这烟雾不像大雪那样壮观，也不像小雨那样缠绵，而是温柔得像少女，祥和得像慈母。她轻轻地抚摸着我们的脸颊，给我们一种湿润清凉的感觉，令人精神为之振奋。传说，当时斑龙在峡谷上空使劲向泉眼吐龙涎做水引时，紧贴在他胸膛的九公主，当场激动得热泪直流。谁知这泪水和龙涎相汇，便化成团团烟雾。有人说，透过烟雾望去，在那横跨山溪的天桥上，还可以看到斑龙与九公主卿卿我我的身影，忽隐忽现，似有似无地在虚空中飞腾。

当微雨初起时，你会觉得烟雨随着林中的雾气一起浮动，根本分不清是烟雾还是细雨；当阳光照耀，远望瀑布，却见一道彩虹当空，横跨峡谷，光彩夺目，千娇百媚；天气晴朗时，又闻其响风雨，似斑龙与九公主在为欢庆寻找到水源，治理峡谷取得胜利而引吭高歌；又似他们在雾中相会，互吐爱意，窃窃私语……

啊，神奇的烟雨瀑布！多么幽深、神秘，令人如入仙境，仿佛有飘飘然升天的感觉。

玉龙吐珠——聆听瀑

离开烟雨瀑，沿着蜿蜒盘旋的峡谷栈道，直下不远便是聆听瀑。该瀑布高度只有 68 米，为三大瀑布高度之末。它是由烟雨瀑的山水，沿着迂回曲折的峡谷，跌宕起伏地顺着山势奔流直下而成的。当那山水流淌到瀑布顶上便从崖顶上倾泻而下。由于两旁的岩石十分坚硬，泄水的地方被切割得深而窄，峡谷里本来就十分湍急的山水被束缚到如此狭窄的地方，水流自然变得更加势不可挡。

远看聆听瀑，仿佛一匹美丽的白色绸缎从山石之间飘落下来。它撞击在岩石上，飞花碎玉般地洒入深潭，如烟、如雾、如尘。它与左边不远的腾龙瀑一高一低，相映成趣，被人们誉为"双龙瀑布"，而瀑布下面的深潭，亦被称为双龙潭。

若仔细看，聆听瀑又像身披银纱的九公主在凌空起舞。她那飘逸秀美的身姿，使端坐潭边聆听上天教诲的斑龙也着了迷似的，仿佛忘记了修炼。凝神看，那瀑布却又像九公主在仿效西施浣纱，冰清玉洁之外映出山色的青葱碧绿。若是从瀑布下的栈道走过，那阵阵的空峪来风夹杂着瀑布飞溅的水珠，定会给你一个极其痛快淋漓的山泉浴，令你不禁油然而生"山路元无雨，空翠湿人衣"之感。

高音绝唱——腾龙瀑

腾龙瀑是盘龙峡的第一大瀑布。瀑布水穿过阻碍，摆脱迷雾，从 86 米高的悬崖上直泻而下。像奔腾咆哮的万匹野马破云而来；像一条巨大的白练高挂于山川之间；又像是一条活灵活现的巨龙，正在腾飞冲天。其轰隆隆的响声震荡山谷，像万马奔腾，千狮齐吼，直道是高音绝唱，气吞山河。如此积天地化成之功，不愧为秀中之杰。传说，这里还是龙母儿子青龙和斑龙修炼成仙时腾空升天的地方。

瀑布下有一深潭，名叫腾龙潭。潭深水碧，倾泻的瀑布直落潭中，激起一朵朵晶莹的浪花，卷起一个个巨大的旋涡，宛若腾龙戏水。那轰鸣的水声震耳欲聋，那溅起的水珠，向四周飘洒，好似蒙蒙细雨，遮挡你的视线，使你无法看清它的"庐山真面目"。此情此景，人们不禁会想起唐代大诗人李白那"飞流直下三千尺，疑是银河落九天"的千古名句。在仰望瀑布的雄姿时，人们亦自然会联想到黄果树观瀑亭上的那副妙联：

> 白水如棉，不用弓弹花自散；
> 红霞似锦，何须梭织天生成。

美哉，盘龙峡！伟哉，盘龙峡的瀑布！

盘龙峡薰衣草王国

　　如果说，家庭是人生的"港湾"，里面有你生存所需的养料，有灵性蕴含的本源，更有消解疲劳之功效。那么，德庆龙之旅盘龙峡生态旅游景区"薰衣草王国"便是你的"第二港湾"。这里有广东最具魅力的薰衣草花海，有亚洲罕见、广东最大的瀑布群，有童话般的水车王国，有世外桃源般的桃花寨，有最美的山水漂流，有最迷人写意的度假天堂。这里，漫山遍野的绿色植物是健康的"摇篮"。200 公顷原始森林、4 000 平方米天然湖泊、200 多种珍稀植物、100 多个大小瀑布，每平方米含有 12.5 亿个负离子的大氧库，突显了盘龙峡纯自然生态之王的地位。

　　薰衣草是世界著名的香料植物，原产地中海地区。欧洲的西班牙人非常讲究清洁卫生，他们在洗好晾干的衣服里面总要放一些香草进去，使人们在更衣时，清新干净之外，还有阵阵清香。因为这种香草在西班牙主要是洗衣妇的专利，所以在英文中这草的名称是 Lavender，源自西班牙语，意思为"洗衣妇"，后被人们用在植物学上便意译为薰衣草了。

薰衣草花海（江军辉摄）

薰衣草是唇形科植物，花朵很小，穗状花序，蓝紫色，芳香浓郁，只要人们触摸一下它身体的任何一部分，那种沁人心脾的幽香，便会沾上你的手指，余香经久不散。旧时我国为了这一天然香料，每年都要耗费大量外汇。中华人民共和国成立后，上海首先引种成功，现已遍及全国。如今薰衣草制取的精油，不再是几十年前那样高不可攀了。

盘龙峡景区的薰衣草尤具特色，不仅种植面积在广东最大，且四季开花。人们不用漂洋过海去法国的普罗旺斯，也可以看到一望无际的薰衣草花海！在芬芳四溢的花海里，童话般的木屋、屹立的荷兰大风车、蜿蜒的花间小路、纵情流淌的山溪，在绿色与蓝紫色的点染下，幻化出一幅幅千姿万彩、动人心弦的美好画图！偶尔一阵山风拂过，一股淡雅、清幽的花香沁入鼻孔，令人精神为之振奋。"穿花蛱蝶深深见，点水蜻蜓款款飞"；"清晖能娱人，游子憺忘归"，如此绝妙的山水光彩，使人愉悦，令人陶醉。

礼担上的柿饼

各处地方各处例（风俗习惯）。金林一带村民婚嫁习俗上的礼担，就与众不同。礼担上的礼品，除了寓意百年好合、早生贵子的花生、莲子、百合和红枣外，还特地配有六对圆润的柿饼。村民说，六对柿饼，喻六六大顺，事事（柿柿）如意。

林瑞球先生在《德庆旧事》里说："旧时，德庆风俗，养儿养女都要经历一段以柿饼和着饭喂婴儿的时期。不论是城镇或乡村，也不分穷家与富户，但凡做父母的，对新生婴儿都习惯以柿饼和饭嚼烂一口一口地喂吃，这种方法代代相传，成为风俗，叫作'吃柿饼饭'。"还说："据说甘甜的柿饼饭有健胃收敛的作用，对消化力较弱、常痾烂屎（拉稀）的婴儿很有保健作用，因而成了那时婴儿的必备食品。婴儿出生的第 12 天（俗称 12 朝，是担鸡汤的日子），舅家依例要给产妇'担汤'。所担的物品中，就必定要有柿饼，亲友给新生婴儿送的礼物也少不了要送柿饼。"再说，德庆过去有句口语叫"再吃过柿饼饭吧"，意即"出过世，再做人"。由此可见，柿饼在当时人们的生活中，是何等地重要。

柿饼，是柿科植物柿的果实经过加工制成的饼状食品。它有润肺、涩肠、止血等功效。用柿饼切粒和米一起煮成的饭（亦有将柿饼置于饭面蒸熟的）叫柿饼饭。据老中医说，柿饼饭有健脾、益胃、降逆的作用。适用于胃气虚弱与胃虚有热之呃逆、呕吐等症。小儿若 1～2 天吃一次，可使呕吐痊愈。

柿饼属寒性食品，食之不容易长痘，而且肠风痔疮便血、肛裂出血及高血压患者也适宜食用。但食用上的禁忌较多，如不宜空腹食用，因容易患结石；忌与螃蟹、甲鱼同食，因会积食难消；饮酒时忌食，因易醉；便秘者慎食，因柿饼虽补养虚衰、润肺，但涩肠；病后体弱、孕妇产后及妇女经期间忌食，因其性寒凉；肚子不舒服时忌服，以防出意外……

礼担上的柿饼，好看、好食、好意头，因此深受人们的喜爱，但是食用上要讲究，不宜多食乱食。

相思树

过去，金林村周边的风水树林里种有高大的相思树。

相思树又称相思豆、红豆树，系豆科落叶乔木。羽状复叶。种子小而圆，红色光泽美观，又称相思子。自古以来，许多女子都用其来镶嵌戒指、襟花和项链等首饰。亦有人用来绣成荷包，当作传情信物，使之成为世界上最廉价的"植物宝石"。

一往情深、相互爱慕的男女，因难以接近而引起之思念称为相思。谁知这个含义竟然在这种豆科木本植物身上用上了。东晋干宝《搜神记》载："宋康王夺其舍人韩凭之妻何氏，夫妇皆自杀。两冢相望，宿夕之间，冢顶各生大梓木，旬日长大盈抱，两树屈体相就，根交于下，枝错于上。又有鸳鸯一对，恒栖树上，晨夕不去，交颈悲鸣。宋人哀之，因号其木为相思树。"古书又载："相传有女子望其夫于树下，泪落染树，结为子，遂以名树云。"当然此等附会之说不足为信，但在今人之间也确有因相思子而引出的悲欢离合的故事。

据村中老人说，二十世纪二三十年代时，金林村有一对刚结婚月余的贫农夫妇。他俩情投意合，举案齐眉，深得乡人赞许。不料兵荒马乱，男的被作为"猪仔兵"（抽壮丁）拉去当差，女的伤心欲绝，临别时将99粒相思子装进自己精心绣好的荷包赠君留念。从此天涯相隔、鱼雁俱绝，梦里寻寻觅觅，醒来冷冷清清，只靠耕田、养猪度日，一心祈盼郎归来。那男的辗转南北后随流去了台湾，因思念贤妻，他绝不另娶。直到改革开放后，海峡两岸关系改善，这对年逾古稀的老人，终于结束了缠绵凄恻的分离，得以团聚。真可谓相思无价，无价相思。

"红豆生南国，春来发几枝。愿君多采撷，此物最相思。"春天红豆萌发，见物生情，引出无限相思……唐代王维这首脍炙人口的《相思》诗，蕴含着多么深沉的含义啊！

（本文曾于 2009 年 11 月 4 日在《肇庆都市报》发表）

炮仗花

　　每到春节人们都喜欢燃放爆竹（俗称炮仗），意欲"爆竹一声辞旧岁"，追求"合家来年幸福长"。爆竹确实给节日增添了不少的喜庆气氛。逢年过节，金林的村民都会开展一种气氛热烈、场面惊心动魄的爆竹攻狮子的文娱活动。金林的村前屋后还种了一种花冠状如炮仗的炮仗花，可见村民对炮仗的感情何其深厚。村民说，当炮仗花开的初春时节，见到那一串串橙红色的花筒，就好像听到了劈劈啪啪的爆响，就会感到精神为之一振，异常开心。

　　炮仗花属紫葳科藤本花卉，其"娘家"在南美洲的巴西一带。欧洲人叫它"火焰藤"，日本人则称为"金珊瑚"。自从"嫁"到中国后，因为形似爆竹，便改了个中国名字叫"炮仗花"了。炮仗花茎秆粗壮，小枝有纵横槽纹，上有卷须，遇上稍能依附的物体便能凌空而上，一往无前。其叶片四季常绿，羽状复叶由两三片小叶组成，叶形前尖后圆，碧绿对生，与枝蔓配合紧密，颇有一种"树死藤生缠到死，树生藤死死都缠"的意味，任凭风云变幻也不离不弃，可见其"爱"得多么热烈。它可攀满整个竹棚，也能把屋顶全部遮盖，有减光降温之效。它长势旺盛，数以万计的叶片把枝条封住变成了一张厚实的绿毯，真是美观极了。更可喜的是花期长达两三个月之久。它的花呈圆锥形花序，顶生而往下垂，花萼五片，花冠管状，冠片稍向后卷，色泽鲜艳，恍如轻飘的珠帘，令人百观不厌。

民居旁的"炮仗花"（江军辉摄）

　　对禁放烟花爆竹的城里人，与其燃放爆竹祈求大吉大利，不如多种些花草树木，美化环境更能添福增寿。这不但可减少环境污染，还能观赏到"燃放炮仗"的乐趣。

　　炮仗花，确实名不虚传！

　　（景点解说词）

许愿树

　　金林村有一棵生机勃勃的古槐树，人们称之为许愿树。人们把一个个美好的愿望托付于它，以求愿望成真。

　　许愿树是以自然物或虚拟的事物形象来表示吉祥的寓意。这些自然物或虚拟的事物便是吉祥物。民间吉祥崇拜的基本内容可概括为健康、和谐、富贵等方面的利益。自古以来，人们在许愿的活动中，把避邪和求吉相统一。唐代大诗人白居易在《赠梦得》里许的愿是："一愿世清平，二愿身强健，三愿临老头，数与君相见"。五代冯延巳则演化为："一愿郎君千岁，二愿妾身常健，三愿如同梁上燕，岁岁长相见"。宋代苏轼更为坦率地说："但愿人长久，千里共婵娟。"老百姓则以"久旱逢甘雨"和农业生产相联系，归入对"富"的希冀；"洞房花烛夜"是对美好的婚姻爱情的追求；"金榜题名时"是对"贵"的渴望……

　　春风浩荡日，人间许愿时。朋友们，你的美好愿望又是什么？请欣然参与，许上一愿吧！

（景点解说词）

含　笑

　　"微笑不露齿，含羞半低头。入夜玉肌香，柔情暗自流。"这是诗人对含笑花的写照。宋代诗人杨万里最欣赏含笑花那种温情脉脉的品格、欲语还休的柔情和从不哗众取宠的素养，赞美它有"暗折花房须日暮，遥将秀气报人知"的神韵。

　　金林人很喜欢种植含笑花。该花原产于广东南海，因它开放时并不满开，好像微微含着笑，才得此名。含笑花属木兰科，常绿木本，可以盆栽，也可以地植。叶互生，椭圆形，有光泽，花互生，一花六瓣卵巢形。初开作白色后渐泛黄色。农历二三月是含笑花盛放时节，天天开出许多小白莲似的花儿来，似乎含笑向人；一面还散发出香蕉味的香气，逗人喜爱。

　　那么，到底含笑花为谁而笑呢？说实话世上可笑之人，可笑之物多得很！苏东坡说它在笑秦始皇妄想得到长生不老的仙丹。曹雪芹说它是在笑物欲横流之徒最终被荒冢埋没了。其实，含笑花真正的笑是向为儿女的成长而呕心沥血的母亲而微笑；向为追求圣洁爱情果实的情侣而微笑；向为千百万贫苦平民献身的仁人志士而微笑。金林村人说得更加实在，说它为金林村在改革开放的大潮中起了翻天覆地的变化而微笑。

仙人掌

　　纵观历史，我国宋朝时便有仙人掌类植物种植。李时珍《本草纲目》中有仙人掌草之名目，说其有清凉解毒之功效。《广群芳谱》中还收录了明代黄佐的《仙人掌赋》，赋的序中说其发苞时外类芋魁，子珠如掌然，剖之如小木椰……煨食之……俗称千岁子。

　　金林村仙人掌栽种历史悠久。有人说祖先从南京迁徙金林时就特意带来了；更有人说是八仙聚会大雾山时所植。

　　仙人掌四季常绿，呈长椭圆形的块茎一个接一个，奋力向上。凝视中，仙人掌恍若一位英姿勃勃的将军，挥戈跃马，直指疆场；转眼间，又似一个个活泼可爱的小刺猬在草丛中慢慢挪动。当花蕾开

仙人掌

放时，黄黄的花瓣，红红的花蕊，缀在仙人掌上，还不时地散发出丝丝的清香。仙人掌的生命力十分顽强。它不需要人们照管，即使三两个月不下雨，也不会渴死。你看！这株引人的仙人掌，千百年来倔强生长，永远充满着青春的活力，充满着蓬勃的生机。它给人以贡献，给人以观赏，给人以启迪，给人以希望！

（景点解说词）

木　棉

　　"广州好，人道木棉雄。落叶开花飞火凤，参天擎日舞丹龙。三月正春风。"这是 1959 年广州市市长朱光对广州市花——木棉的颂词。

　　金林村风水树种植的地点多（计有 13 处），品种也多。除了榕树、樟树、相思树、格木树、槐花树和松树之外，还有令人肃然起敬的英雄树——木棉。

　　木棉为典型的热带树种。金林水乡的北秀湖边和丽先谈公祠门前，以及马埌社君旁的木棉树，傲然挺立，尤显伟岸。抗战时期肇庆中学搬迁金林办学时，这些地方曾成为国画大师黎雄才先生带领学生学习写生绘画的好去处。它体态昂扬、拔地凌云、先花后叶、敢于争春的雄姿为世人所传颂。它枝柯轮生，四面伸展，身披锥甲，叶似掌状，脱下绿衣不久便万蕾萌发，花大如碗，每朵五瓣，皆为肉质，由褐萼裹实，花色殷红，内藏心蕊，排列整齐，壮丽异常。

　　清人屈大均赞它"十丈珊瑚是木棉，花开红比朝霞鲜"。广州人对木棉树更是倍加赞誉，说它有清热解毒除湿之功，为医治疾患可赴汤蹈火，勇于献身；说它有"正直不斜倚，光明倍所宗""举头迎旭日，不作恶邪躬"的高风亮节，在广州这座花城中高踞群芳、出类拔萃，展示出南国的旖旎风光。

　　在赞美木棉时，我们应学习其坚忍不拔、热情似火、勇于进取的气质，从而使自己的生命之树得以常青。

（景点解说词）

格　木

　　金林水乡景区的西山，连片生长着一种珍贵的林木——格木。《西江日报》及《德庆乡情》对西山格木林的有关情况曾做过报道。《德庆乡情》第二期有文云："格木树常作村落间风水树，单独或数株生长，金林西山格木林如此成片野生，实属罕见。"

　　格木与金丝李、蚬木等被人们称为三条"绿色硬汉子"，是南方热带丛林中的珍贵树木。格木属豆科常绿乔木，身高可达 25 米，胸径 1 米有余。它头顶烈日，脚踏酸性土壤。叶互生、羽状复叶。花小而密生，穗状花序排列成圆锥花序。荚果带状，长 15～20 厘米，宽 3～4 厘米。木材心部黑褐色，有光泽，边材黄褐，质地坚硬，纹理笔直。干燥不涨缩变形，深埋土中，百年不朽。做家具不必上油漆，越久越乌黑发亮。金林村众多的祠堂庙宇及古民居的建筑结构中，到处可见格木的影子。榨油坊里原先的土油榨，也是用一根粗大的格木，凿空心挖槽造成。榨油时，先将花生饼放进槽里，然后两个大力士抡起大木槌，打在木楔上，把花生油从木槽里压榨出来。不管加多少块木楔，不管怎样用力捶打，土油榨永不爆裂。由此可见，格木是何等坚固耐用。

　　金林西山的野生格木林，大约在 20 世纪 50 年代曾遭人为破坏，被砍光出售。值得庆幸的是树毁林亡后，撒落于地下的格木种子，却自然而然地发芽、生根、长叶，历经半个多世纪的顽强生长，一片满目葱茏、生机勃勃的格木林又呈现在我们的眼前。高兴之余，我们应从中吸取教训，提高环保意识，保护植物，保护财产，保护自己。

勒杜鹃

金林水乡的街头巷尾错落有致地栽种着一丛丛花球，这就是惹人喜爱的勒杜鹃。

勒杜鹃原产于南美洲。20 世纪 80 年代我国南粤地区才广为种植。因它好种易活，故很快就成为千家万户绿化阳台和庭院的主角。

勒杜鹃的花由三张苞叶构成，北方人管它叫"三角梅""叶子花"。金林人则因其枝中有"簕"（即刺），花似杜鹃而称之为勒杜鹃。勒杜鹃的花期甚长，开花时总是一簇接着一簇地群开，宛如一团团热烈无比的火球，呈现出一片万紫千红总是春的景象。

勒杜鹃受人青睐之原因，除了它美丽的外表外，更重要的还是它具有淳朴的内在美。

它，生命力旺盛，向往光明，不畏惧逆境，能在艰苦的岁月中与名花异卉一较高低。

它，甚少要求于人，但为了美化人间，不惜气力，铺红展翠，无私奉献。

它，不贪图权贵，不嫌弃清贫。只要人们需要，就算是"截干蓄枝"，也随遇而安，欣然地在那里生根、长叶、开花。

正因为勒杜鹃具有如此可贵之风采，金林人才会把它广泛地种植起来。

民居旁的勒杜鹃

岭南古村落——古蓬村

古蓬村位于德庆县永丰镇东北部。这里山川秀美，碧水洄流，古祠古屋俨然，农耕依旧，不仅保留了东晋诗人陶渊明所描绘的"桃花源"的意境，还完整地保留了岭南地区古村落文化的风貌。

2001 年古蓬村古祠堂和古民居被定为县文物保护单位；2011 年古蓬村被列入肇庆市首批"名村"；2014 年被评为广东省名村，同年被列入第三批中国传统村落名录。2015 年 12 月，古蓬村古建筑群被列入第八批广东省文物保护单位。

走进古蓬村

走进古蓬村，就像走进了一座文化迷宫。这里有保存完好的 15 座古祠堂和 300 多座古民居，还有一座建于明代的颇具特色的碉楼。

置身村中，我们仍能享受到古老宁静的田园生活；欣赏到明清时期古朴的建筑风格，以及镶嵌其中的精美的石雕、木雕、灰雕和壁画艺术；体验到岭南地区最淳朴的乡土风情；呼吸到村边山林间最清新的空气。

古蓬村始建于明朝嘉靖年间（1555），距今已有 400 多年的历史。全村皆为陈姓。相传始祖从顺德大良迁来。

前人建城、置村选址，"非于大山之下，必于广川之上"。风水学把绵延的山脉称为龙脉。古蓬的祖先，审气脉，别生气，分阴阳，于雄伟的百册大山脚下，取龙脉北发朝南来的正势，定址置村，福荫后人。有《古蓬地理歌》传世：

古蓬来龙夯峦山，太平楼上远似牟。
二八卯龙兼卯位，村庄坐艮坤兼丑。
左边青龙右白虎，尖壁高峰烂铜湫。
罗谷兽星相维外，圳边拉住河备游。
金鸡石狗守水口，上至松山下炉头。
两江艮水向东流，代代儿孙出公侯。
青云路上直行悠，记住曾君作福州。

奇特的镬耳屋

古蓬村的古民居，大多为硬山顶风火墙结构，人们称之为"镬耳屋"。

镬耳屋，因其两边山墙形似镬（古代的大锅）两边的耳朵而得名。明清时期，官越大，其屋山墙上的镬耳就越大。古蓬村人杰地灵，人才辈出，得功名者众，故村里的镬耳屋便越建越多，越建越讲究。

镬耳屋多用青砖、石柱、石板砌成，外墙均有壁画图案，十分雅观。镬耳状建筑，具有防火、通风性能良好等特点。火灾时，高耸的山墙可阻挡火势蔓延；微风吹动时，山墙可挡风入巷道，进而通过门、窗流入屋里，造就屋内冬暖夏凉的奇迹。

得名与传说

古蓬村的得名，传说颇多。有人说，该村所在地环境优美，状若仙境，初叫"蓬莱"，后改名"古蓬"；有人说，村后山势形似带篷渔船，且为神仙所化，因而名"古蓬"；有人说，"古"指角落，"蓬"喻烂泥，意指村落建在河漫滩涂附近，蓬草乱生之地，故称"古蓬"……

还有人认为，"古蓬"的村名与古蓬第十三世祖仕馨陈公（号宜遐）的一段教诲有关。

传说，古蓬第十三世祖仕馨陈公，在明代崇祯己巳年（1629），用七年时间在村后山边了一座名叫太平楼的碉楼。碉楼竣工时，陈公与族人喜登碉楼。从瞭望窗往下看，连片的祠堂和镬耳屋尽收眼底。好一派美轮美奂的村民雅居图啊！高兴之余，人们发现陈公若有所思，似有不乐。问其缘故，方晓得陈公确实心有所虑。

"福大而愈惧，爵隆而益恭。"（南北朝·范晔《后汉书·崔骃列传》）陈公深情地对旁人说："创业难，守业更难啊！"要知道，村址原来是个杂草蓬生的乱葬岗，我们今天这个美丽的村庄来之不易。古时，我们的祖先在这里居住的就是用蓬草和泥巴糊成的穷苦人家居住的极为简陋的房屋。先祖将村名叫作"古蓬"，意在希望族人不忘过去，珍惜今天，永远记住先祖创业之艰辛，激励后人克家聚族，务在显扬。

"傲不可长，欲不可纵，乐不可极，志不可满。"（唐·魏徵《十渐不克终疏》）陈公深谙"蓬生麻中，不扶自直"的道理，于是命人于祠堂显眼处，工整地刻上一副发人深省的楹联：

知稼穑之艰难克勤克俭；

守高曾其规矩不衍不忘。

　　知书识礼，勤劳朴实的古蓬人，没有辜负先祖的教诲。他们不但守住了祖宗的宝贵财产，还于 1993 年，在村庄前面建成了肇庆市第一个高起点规划，按照"七统一"标准建设的现代新农村。

　　古蓬，人杰地灵的古蓬！它正像一艘满帆起航的篷船，乘风破浪，朝着"中国梦"这个光辉的彼岸挺进，挺进……

古蓬村鸟瞰图（李均阳提供）

人文史话篇

肇庆中学与金林

肇庆中学的历史沿革

广东肇庆中学是一所历史悠久、业绩辉煌的省立重点中学，坐落在风景秀丽的国家级历史文化名城——肇庆端州。

1573年（明朝万历元年），创立端溪书院，即肇庆中学前身。

1708年（清朝康熙四十七年），改建为天章书院。

1757年（清乾隆二十二年），复名为端溪书院。

1905年（清朝光绪三十一年），在端溪书院原址创办肇府中学堂。此为现代肇庆中学的正式开端。

1912年（民国元年），改名为省立肇庆中学

1925年（民国十四年），改名为省立第七中学。

1935年（民国二十四年），复名为省立肇庆中学。抗日战争期间校址曾几度迁移。

1939年2月，迁往德庆县金林村。

1944年，又迁往广宁县木格罗家祠。

1945年9月，迁回肇庆原址。

1949年11月，学校正式定名为广东肇庆中学。

1971年2月，改名为肇庆市第三中学，简称三中。

1978年4月，复名为广东肇庆中学。

2001年9月，实行初高中分开办学，并把高中部迁往仙女湖畔的新校区，实行全寄宿制度。

广东肇庆中学的历任校长

约1757年，全祖望，浙江鄞县人，乾隆元年（1736）丙辰科进士。乾隆年间曾任书院主讲。

1883年，林召棠，广东吴川人，道光三年（1823）癸未科状元。道光十三年（1833），主讲于肇庆府端溪书院。

1859 年，苏廷魁，广东高要人，道光十五年（1835）乙未科进士。任端溪书院山长（校长）。

1887 年之间，梁鼎芬，广东番禺人，光绪六年（1880）庚辰科进士。光绪十三年（1887）间任院长。

1887 年，朱一新，浙江义乌人，光绪二年（1876）丙子恩科进士。光绪十三年（1887）至光绪十五年（1889）任广东肇庆端溪书院主讲。

1905 年，陶邵兴，广东番禺人，光绪二十年（1894）甲午恩科进士。被委请为肇庆府中学堂监督（校长）。

1912 年，陈德彬。

1918 年，林世恩。

1923 年，程锡祥。

1924 年，罗光颖。

1926 年，阮绍元。

1930 年，陈兆楷。

1935 年，梁涣康。

1938 年，孔繁枝。

1946 年，陈家骥。

约 1948 年，陆泳勤。

1949 年，陈普初。

年份不详，岑煜荣。

1979 年，李业章。

年份不详，杨元锦。

1998 年，谢伟成。

2000 年，吴穗章。

2002 年，彭银祥。

2016 年，陈淑玲。

…………

肇庆中学迁校金林的原因

抗战时期，时局的不稳是肇庆中学迁校到德庆县金林村的根本原因。

《高要县志》（1947 年编）记述了当时的一些相关情况。

1937 年 7 月 7 日，日军发动卢沟桥事变，全面抗战爆发。1938 年 10 月 12

日，日军在广东惠阳县大亚湾登陆，向广东发动大规模进攻。同月21日，日军攻陷广州。接着，广州外围的南海、番禺、从化，以及与肇庆地区只有一水之隔的三水等地相继沦陷。

1938年5月12日，日军先后4次空袭肇庆城区，投弹30枚，炸死6人，炸伤22人，炸毁房屋30间。其中高要县立中学女子部被炸，初中一年级学生林冰印在课室活动，胃部被流弹击中，翌日下午去世；肇庆师范学校校长梁赞燊住宅全间被炸，其9岁的幼女梁颖和老保姆被炸死。

1938年12月5日，日军空袭肇庆城区，投弹86枚，炸死31人，炸伤105人，炸毁房屋28间。高要县监狱、学宫、天主教堂和肇庆中学等亦遭受不同程度的轰炸。由于日军飞机的狂轰滥炸，肇庆人民遭受了巨大的损失。

1938年秋，孔繁枝先生重掌肇庆中学，梁涣康任教务主任，彭炜棠任事务主任。为了保障师生的人身安全，保证学生学业正常进行，学校领导一致决定迁校复课。

金林乡长谢宋初的次子谢君礼，在《难忘的一夜》这篇悼念父亲的文章里，回忆道："（父亲）努力协助省立肇庆中学高初中迁来金林复课。1939年，日本侵略军企图沿西江而上侵略中国内地。省立肇庆中学校有迁入山区乡村复课的必要。""学校领导曾先后到过本县悦城、莫村、江村等地，后来到了金林。他（指谢宋初乡长）立即鼓掌欢迎，愿无条件地将金林二十多间祠堂、庙宇交由学校使用。又大力劝导乡民将闲屋安置老师家眷住上，并保证用水充足等。因此全校师生及省市和县机关均力将省立肇庆中学迁来金林复课。""老师中有在美国、日本留学归来的，也有曾在香港、澳门做律师的。美国医学博士也来金林开设医务所，这里成为广东省西江区人才荟萃的地方。甚至中山大学有一年也在金林招生考试，他都无偿出力帮助，并受各方赞许表扬。"

在谢宋初乡长、谢有年副乡长及全体金林村民的鼎力支持下，肇庆中学历经半个月的搬迁工作，终于在1939年3月，顺利地在德庆县金林村复课。

肇庆中学在金林时的教学简况

1939年3月肇庆中学迁到金林村复课。当时仅有初、高中各3个班级，近300人。1940年秋季，由于金林地利人和，学习环境较好，各地家长纷纷送子女前来就学，学生人数大增，初、高中共12个班级，近700人。学生中有官僚富家子弟，也有穷苦子弟和华侨子弟；有来自肇庆附近市县，也有来自广西、湖南、浙江等地的学生。

肇庆中学在金林村办学期间，勤教勤学，秩序井然。

学校的作息时间：早上 6：30 吹军号起床，整理内务，吃早餐；7：00 早操；7：30 早读；8：00~11：30 上课；下午 3：00~4：00 上课；5：00 晚膳；晚上 7：30~9：30 夜读；晚上 10：00 吹军号熄灯休息。

夜读地点，慈祥寺设 9 个班，有 3 个教师巡堂；应业祠、清轩祠共设 3 个班，有 1 个教师巡堂辅导。夜读时，使用汽油灯、煤油灯，甚至松香枝等做照明，学习条件甚为艰苦。

学习期间，高中学生接受军事训练，初中学生接受童子军训练。

关于体育设施，慈祥寺后面的山谷里，辟有排球场 1 个，篮球场 3 个，小型足球场 1 个，还有 100 米跑道等田径设施。

当时的校本部设在丽先祠。校务处、图书室、卫生室及会议室等一应俱全。

肇庆中学在金林时的教师简况

国画大师黎雄才

肇庆中学在金林办学期间，第一任校长孔繁枝，教导主任梁涣康；第二任校长彭炜棠，教导主任陈铁朗；第三任校长梁涣康，教导主任谢仰虞。

当时肇庆中学的师资素质较高，实力雄厚。陈家骥、彭炜棠、邓家兆、陈铁朗、梁涣康、张天涛、陈瑞祥、欧阳骥等均为中大毕业生，有的还是留美学生。

教师中的佼佼者还有著名国画大师黎雄才老师，他是岭南画派创始人高剑父的高足，留学日本后回肇庆中学任教，曾获比利时博览会金奖。中华人民共和国成立后曾于多所院校任教，德高望重，蜚声中外。

忆抗日战争时期的肇中

　　广东肇庆中学（简称肇中），原设在肇庆城区。于抗日战争期间，曾先后迁校到德庆金林、广宁木格。于抗战胜利始回迁肇庆城区原址。其间情况，爰就记忆所及，追述一二，以为研究校史参考。因已事隔多年，记忆如有错误，请读者加以指正。

一、肇中迁金林

　　1938 年秋，孔繁枝重掌肇中，当时我任教务主任，彭炜棠任事务主任。孔校长因另有任务，长期不在校，将校务交给彭主任代拆代行。1938 年日寇攻陷广州，西江各地备受影响，肇中停课疏散。当时我亦因事回到德庆。1939 年春，我到肇庆了解肇中情况，知道教育厅还有经费、公粮发给我校。于是我提议迁校复课。并提出迁校三条件：①要向西江上游搬迁。②要有现成校舍。③要迁校所在地治安良好。彭主任完全同意，即派庶务区仲华同我到我家乡德庆看看。因德庆金林素有大寨之称，先到金林一看。首见乡长谢宋初道明来意。他听到肇中想迁来金林，十分高兴，他打趣说，肇中为西江最高学府，迁来我乡，我乡文化大发展起来了。无任欢迎！他带我到各处看望，见到火砖结构的祠堂庙宇相当多，足够六班课室和宿舍之用。关于治安方面，谢乡长说，金林可以夜不闭户，近些年都未曾出现过大小案件。返校汇报彭主任，他表示认同，即决定迁校金林，并商定复课日期。一面通知员生返校复课，一面执拾图书仪器台椅等校具。半个月办妥搬迁工作。选择该乡的丽先祠为校本部。高初中各级开设一个班。共开六个班。1939 年 3 月复课，从此肇中校园弦歌之声不绝于耳。由于师生合作，地方人士支持，学校秩序恢复正常。

　　1939 年秋，我因事离开肇中，一直到 1944 年 2 月，由于彭主任倦勤，孔校长向教厅辞职获准。教厅委派我接掌肇中。我物色谢仰虞先生当教务主任、陆锦彪先生当事务主任、冯骥佳先生当训育主任。其余员工一律照旧供职。幸得全体员工安余之拙，地方人士大为支持，校务得以顺利进行。但好景不长，外有日寇向西江上游进犯，内有当时德庆县县长严博球四处散播谣言，说肇中常有学生失踪，蛊惑人心。更有甚者，不按照上级指示拨给经费、公粮，以致钱尽粮绝，人心浮动，迫得停课疏散学生，各教师亦到处奔走寻找出路。

二、肇中再迁木格

1944 年秋冬之间，老教师李元经北上，路经广宁，见到他的高足、时任广宁县县长的左新中。他们俩邂逅并叙旧谈新，谈及肇中情况。左县长知道肇中困境，即伸出挽救之手，说广宁有钱有粮，欢迎肇中迁到广宁木格。李老师带着喜悦心情归而告我。我即兼程前往广宁见左县长，商谈迁校事宜。因木格向以匪徒渊薮著称，我首先问左县长木格治安如何。左县长说："木格治安虽是一个复杂问题，但只要该地旧乡长罗应鋈（该地区的一位有名绅士）肯负责任，则万事大吉，你可放心。"因此我赶返木格见罗应鋈先生说："左县长介绍我来见罗先生，商谈肇中迁来木格事，请您大力帮助。"罗先生很高兴。表示愿意尽力帮忙。我问木格治安如何。他答："木格治安不成问题，你可放心。"我说："谢谢，还请罗先生多加关注。肇中还有图书仪器等校具，需一百条担，可否请罗先生派民佚运过来？"罗先生欣然答允，并带我去察看可充校舍用的建筑物，勉强够用。肇中再迁校的条件具备了。这体现出群众是爱护教育、重视教育、支持教育的。1945 年初春，肇中员生工友及家属随同一百条担，浩浩荡荡地从德庆金林平安迁往广宁木格了。

事有凑巧，正在我们到达木格之夜九时左右，乡丁鸣锣呼叫，乡长被枪杀了。我们整夜震惊，只得关实门户，听天由命。翌晨，我走访罗应鋈先生探问昨晚事情的究竟。他说："不要怕。你们放心，他们报私仇的。"我回来如实转告各人，安定人心。

肇中搬迁到木格，每日都派一工友经锁匙排出南街采购生活所需和取信件。有一日采购工友对我说，锁匙排持枪守卡人说，肇中信件不用查。我领会到左县长要保护肇中的意图已由罗先生传达到了。我对治安的信心增强了，并开始安排复课事宜。当时随队来到木格的师生员工为数不多，除教务主任谢仰虞随队来木格外，原事务主任陆锦彪及训育主任冯骥佳均已离校，因此新聘关雄为事务主任，原教师梁冠为训育主任，并在附近物色数人为教师。开始复课。

1945 年四五月间，木格圩不时有地下党同志在圩市宣传，有礼貌、讲文明，秩序甚好。有一次黄中同志带领数人入肇中宣传。适遇我卧病在床，由教务主任谢仰虞接待。他们道明来意，谢主任叫号兵吹集合号，师生工友集合一室，听黄中同志讲国际形势和目前任务，演讲内容充实，讲得生动活泼，博得热烈掌声。讲了两小时就回去了。此乃肇中第一次接受社会主义教育。

武汉大学
WUHAN UNIVERSITY
Wuhan 430072
People's Republic of China

肇庆中学校友会负责同志：

　　您们好！

　　我是武汉大学英文系离休教授，现年76岁。

　　1942～44年期间我在当时的德庆县肇庆中学读高一至高三。我对母校的教育之恩时时记心中。

　　眼下我想了解母校的更多情况。您们能否给我惠寄一份关于肇中校史的资料复印件？麻烦您们了。

　　此致

敬礼。

校友
袁锦翔
2005年3月19日

来函请寄：
　　430072　武汉市 武汉大学 东中区 4－1－402.

Tel:(027)812712　Cable:5676

校友信件

木格一向是匪徒出没之地。这是我所深知的。但当时肇中无钱无粮，陷入走投无路的困境。如不再作搬迁，只有走解散下策，使莘莘学子遭到辍学，教育受到莫大损失。还有教职员工生活无着，坐以待毙。我于山穷水尽之时乃走左县长支持搬迁木格之路。我坚信罗应鎏先生有把握控制住木格的治安秩序，这就使肇中杏坛恢复弦歌之声。

三、肇中复原肇庆

在 1945 年 8 月，时当暑假——日本帝国主义投降了！初闻这个消息，万分兴奋，人人有欢喜欲狂之态，人人有涌起复原肇庆的念头。我即集合留校所有人员商议肇中复原事宜，加紧复员工作，定在九月份准备好一切。在一星期内全部人员和校具到达肇庆。依计行事，陆运水运结合，依期平安到达肇庆。一进校门，望见疮痍满目，颓垣断壁，草木丛生。即雇工补瓦面、修墙壁、斩树木、除杂草、粉墙垣，肇中面貌焕然一新。并新聘了一大批教师，添置了一大批教学设备，使肇中开始恢复原来的高初中共十二班。员生依期返校，正式复课。

肇中迁离肇庆是由我经手，肇中复原肇庆也是由我经手的。我于 1944 年 3 月接掌肇中，于 1946 年 2 月卸任。我总算尽了我应尽的责任。在迁离肇庆至复原肇庆这个期间，员生工友及家属，人人都平平安安度过这个艰困岁月，没有一个失踪，可见所有有关肇中的各种失实传言，都不过是一种别有用心的说法。

肇中之所以能够渡过难关，与左新中县长、罗应鎏先生、谢宋初乡长鼎力协助是分不开的。谨于此表示我们深深的谢意。

> 广东省第二、第三届人大代表，抗战时期肇中原校长
> 90 岁老人　梁涣康
> 一九九三年六月一日

"天地同流"其人其事

一户住三大洲

你听过金林村有个"一户住三大洲"的故事吗？欲知详情，听我慢慢道来。

"昼夜不舍，天地同流。"这是清咸丰丙辰年（1856）七月，晋祠人宁鹏年为山西太原祠难老泉边的难老亭所书的楹联。"昼夜不舍"语出《论语·子罕》："子在川上曰：'逝者如斯夫！不舍昼夜。'"意指难老泉水与天地同在，长流不息。此联曾让晋祠名声大噪，妇孺皆知。

巧得很，德庆县金林村的鸡谈里，有一座楼房，也名曰"天地同流"。这是一座中西合璧、典雅精致的三层砖木结构楼房。楼房规模虽不大，但在德庆县乃至西江流域，却是数一数二的经典。在那只能仰望的欧陆风格的楼顶上，"天地同流"四个遒劲雄浑、俊逸潇洒的大字，可以读出主人的身份、地位与家族的荣耀。难怪人们说，这样的风水格局，不出风云人物才怪呢。果然，不出所料，此楼在不到百年的时间里，便产生了"一户住三大洲"（亚洲、大洋洲、美洲）的传奇。

日星公与"天地同流"

"天地同流"这座楼房，为鉴盘公曾孙日星公［谢焕初（1893—1948）］于1940年（农历庚辰年）2月30日8时动工兴建的。兴工吉课为庚辰年、庚辰月、庚辰日、庚辰时。民间有说先贤造命之法，皆以"龙""山""主令"取用。故四柱八字，有成格成局者，或"天地同流"，或"天元一气"，或"正官""正印"（官印双全），或"堆财""拱禄""三德""三奇"诸格，此为造命八字。"四庚辰"（乙令申命吉）便属天地同流格，亦称天地一气格，即"干支一气"。该格六十年一遇，加上有"或日辰不吉，山向不空，或与主命不吉，不可强为，否则致凶"之说，这就更显其难得了。据族人推想，日星公用该格建造，且以"天地同流"命名，是有其原因的。日星公自幼随父到广西谋生，肩挑药担，踏遍了梧州地区的山山水水，备尝艰辛，好不容易熬到出头之日，在梧州市开设"怡安祥药行"。后来事业有成，回乡建造，以光宗耀祖。此间，日星公感到，

鸡谈里的"天地同流"

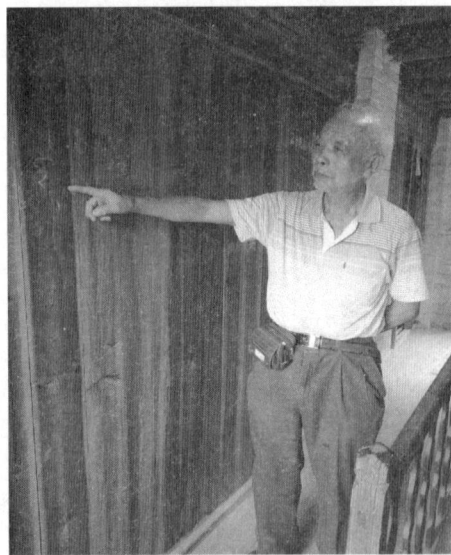
谢煜荣老人在"天地同流"二楼，指着刻有"司令部"三字的房门框说："这是1949年解放军南下进村时，一个士兵所刻的'司令部'三个大字。"

"吾先祖，创业维艰，放一鸟，牵一牛，全凭激励；尔后人，克家聚族，鸡有谈，凤有羽，务在显扬"。这副既追思先祖，又激励后人的清轩祠厅堂联语，常在其耳边回响。

《孟子·尽心上》："夫君子所过者化，所存者神，上下与天地同流。"化，意为教化、化育；神，精神、思想；同流，相类似。该句意思是说：君子所经过之地的百姓得到教化，而他的（君子所弘扬的）精神（思想）得到传承，于上于下可以与天地（的德行）相类似（意思是说，上合天道，下配地德）。由此可见，楼房以"天地同流"为名，还寄托着主人对后人敬祖启后、修身齐家、子孙昌盛的厚望与教化。或许，这就是日星公用"天地同流"为楼房命名的原因所在。

谢炎禧与中华跌打丸

谢炎禧（1921—1995）是日星公的长子。他于肇庆中学高中毕业后接父班，在梧州怡安祥药行任经理一职。1954年社会主义工商业改造时，辞职学习中医，获得中医师职称。1958年任梧州市中药厂厂长。建厂初期，致力健全开业医务人员（包括各门诊部、私人医院诊所）的联合机构，积极生产社会需要的药丸、药散。当时中药饮片紧缺，跌打类药物供应更为困难。谢炎禧便与时任中药厂副厂长的区龙祐先生组织陈瑞华、陆洁莲、黎绍基、陈富奇、朱秀芬、黄文禧等颇有名气的中医师，探讨研究，将陈铁医师门诊部采用的"急性子散"跌打处方进行调整，予以改进提高。他调整了数味本地紧缺难寻的中草药；对一些毒性含量较高的中草药进行删除替换或减轻分量的处理。经过多次临床试验，确立了研制配方，他终于制出了消肿止痛、舒筋活络、止血生肌、活血化瘀，用于挫伤筋骨、新旧瘀患、创伤止血、风湿瘀痛诸症的专科跌打丸剂。当年的处方构成是：牛白藤、假蒟、地耳草、牛尾菜、鹅不食草、牛膝、乌药、红杜仲、鬼画符、山桔叶、羊耳菊、刘寄奴、过岗龙、山香、穿破石、毛两面针、鸡血藤、丢了棒、岗梅、木鳖子、丁茄根、大半边莲、独活、苍术、急性子、建栀、制川乌、丁香、香附、黑老虎根、桂枝、樟脑。

　　方剂定型后，制药厂开始生产，并交付梧州市各诊所临床应用。跌打丸问世后，因其功效显著而销路日广。

　　1960 年，梧州市卫生局廖寿龙先生与谢炎禧商量，将该跌打丸命名为"中华跌打丸"。此后，该药名声大振，并以质优价廉，疗效可靠而远销大江南北，成为当时跌打医疗之首选药物。"文革"期间，中华跌打丸被迫删去"中华"二字，直到 1982 年才恢复原名。并在卫生部正式注册"中华"牌商标，成为我国唯一使用"中华"作为商标品牌的药品。

　　不幸的是，在"文革"期间，直接参与研制、生产中华跌打丸的谢炎禧夫妇，却因中华跌打丸的"丸"与"完蛋"的"完"同音，被扣上"反革命"的帽子，多次被红卫兵批斗迫害。直到"文革"结束后，才得以平反。

　　谢炎禧一生俭朴，为人低调。他勤奋好学，上进心强，工作踏实肯干。担任梧州市中药厂厂长期间，为企业的振兴，经常以厂为家，呕心沥血，日夜操劳。中华跌打丸成为中药厂的起家产品，现为梧州市龙头企业的广西梧州制药（集团）股份有限公司的当家产品之一。唐山等地大地震时，中华跌打丸被国家商业部指定为抗震救灾成药之一。那时，年均产量为 6 718.2 万颗。1976 年达 9 981.96万颗，产值 820 万元。尽管业绩彪炳，谢炎禧从不于人前说过自己的功劳。回乡期间，族人却清楚地记得，谢炎禧曾讲述了与"中华跌打丸"直接关联而又鲜为人知的故事。

　　原来，中华人民共和国成立初期，梧州商贾陈铁因经营柴炭生意受阻，日趋没落，于是改行行医。他以祖传的少林寺"急性子散"为日常跌打刀伤主药，治愈了不少患者，深受群众欢迎。1956 年，陈铁医师结束了家庭手工制作的原始工艺和个体行医的历史，与谢炎禧父亲等十余位个体医生组成了联合诊所，成为一名"持证上岗"的正骨科医生。与此同时，他将中华跌打丸的原始处方"急性子散"的配方无私地贡献给梧州市中药厂。当年，陈铁说，他的祖传秘方出自河南嵩山少林寺五枚大师之手。后由曾在梧州市三届庙当住持的立然和尚传给陈铁医师的母亲。1960 年陈铁医师献方后，中华跌打丸方得面世，造福天下。

每谈到中华跌打丸的神效与业绩时，谢炎禧总是谦虚一笑。他说，自己没什么功劳，只不过是没有辜负祖先的期望，没有违背"天地同流"的家训，做了自己应该做的工作而已。

国家级基层名老中医谢煜焜

"'天地同流'又出名人了！"金林村民兴奋地奔走相告。

2016 年 6 月 14 日，肇庆市人民政府网转载了《西江日报》一则以"德庆首个国家级基层名老中医传承工作室开诊"为题的消息。报道说，"为弘扬和传承名老中医的学术经验和技术专长，近日，德庆县首个国家级基层名老中医谢煜焜传承工作室在该县中医院正式开诊。"

据《国家中医药管理局办公室关于印发 2015 年全国基层名老中医药专家传承工作室建设项目实施方案的通知》介绍，2015 年全国基层名老中医药专家传承工作室建设项目名单，广东计有：惠州市惠东县中医院、江门市台山市中医院、肇庆市德庆县中医院、梅州市兴宁市中医医院、江门市开平市中医院和湛江市徐闻县中医院等六家。谢煜焜这位名老中医从医 50 余年来，始终坚持中医临床一线工作，对伤寒、慢性胃病、慢性肾病、温热病及各种疑难疾病的治疗积累了丰富的临床经验。晚年，他表示将毫无保留地将自己在临床实践积累的经验传授给年轻中医师，为培养更多优秀中医骨干贡献余力。同时，工作室将组织开展学习、交流讨论等人才培养相关活动，开展巡诊带教，与乡镇卫生院、村卫生室建立对口指导联系，为乡村医生解决临床实际问题。

传奇

1940 年 7 月 7 日，"天地同流"入伙（进宅）刚满三朝（第三天），户主谢炎禧便喜添贵子。街坊邻里，前来道贺者众，其中还有一位是远近闻名的风水大师谢顺桂。喜酒饮过，日星公请大师为乖孙推算童造之命。谢顺桂捏指沉吟片刻，批曰："金童诞于庚辰年甲申月乙酉日，当值立秋之时，秋雨绵绵，应有活动之力，到处将通，化龙将起，智慧出众，事业有成，名望兼胜……"众人大喜，皆说："'天地同流'，上合天道，下合地德，入伙三日，便喜得贵子，真是双喜临门！"

孩童起名煜焜，"日以煜乎昼，月以煜乎夜；焜，煌也，明也。寓光耀、明亮，有光彩夺目之意"。顺桂之说，属江湖相术，也许不足为信。但谢煜焜长大后，果然不负众望，事业有成却是铁的事实。

熏陶

谢煜焜生于金林村的一个医药世家。父亲谢炎禧，从前在广西梧州开设怡安祥药行。中华人民共和国成立后，曾任梧州中药厂厂长。继母是广西平南何姓人，自幼便对医学产生兴趣。与谢炎禧结婚后，可谓志同道合，并且更加热衷于医学事业。她拜名中医陈铁的母亲为师，对跌打专科有独到的见解。当年陈铁医师将三届庙方丈保存的少林寺"急性子散"（中华跌打丸的原方）的配方献给中药厂的义举，便有她从中撮合的一份功劳。

受医药环境的熏陶，谢煜焜念高中时，便在父母及关俞安、覃炳财等名老中医的指导下，读内经、诵本草、辨经脉、认腧穴，立志当一名好医生。

"读书不能临症，不可以为医；临症而不读书，亦不可以为医。"1960 年，在父母的教育和支持下，谢煜焜考上了广西医学院（现为广西医科大学）医学系，成为中华人民共和国成立后金林村第一个五年制的大学本科生。"医之为道，非精不能明其理，非博不能致其得。"在五年的求学路上，谢煜焜知道，"医生的服务对象是人，世界上最复杂的事物莫过于人。要做一名好医生，首先一点要研究人，全心全意为人民服务，这就是医德。医德不仅是愿望，更是一种行动，这个行动要贯穿医疗的全过程，贯穿医生的整个行医生涯。"

谢煜焜说，学习中，老师经常运用中外名医、名言教育学生，使他懂得"行医如临深渊，如履薄冰，病人把最宝贵的生命交给了医院，医务人员在工作中稍一粗心大意，轻则使人致残，重则危及生命。所以，医疗工作不能有半点马虎和轻率"。为此，他在学校里学习刻苦认真，还利用休息时间向地方名医请教。

务实

大学毕业后，谢煜焜被分配到广西蒙山县人民医院工作。工作初期，工资待遇不高，生活环境较艰苦。但谢煜焜没有被困难吓倒，为了提高医术水平，他省吃俭用，订阅《中国急救医学》《中华心血管病》《实用医学》等多种杂志。为了直接向名老中医范富权学习，他专门换值夜班，腾出白天时间陪伴在范老身旁，学习实际的临床诊治技术。由于学习刻苦，谢煜焜的医学技术日趋熟练，对病人的治疗效果越来越好。1978 年，他被组织吸收为中共党员，继而先后被委任为医师、主治医师、医院院长和蒙山县卫校校长等职。

在梧州市卫校参加广西医院院长脱产进修班学习时，谢煜焜有机会向莫国武老师学习。学习中，他认识到调肺利窍祛邪外出，可以切断病邪内传途径，避免滋生变症。同时，还可强肺固卫，增加抵抗外邪的能力。不仅可治肺脏本身疾患，而且还能治疗肺外其他脏腑的病症。还明白了"中医的治疗方法是多种多样的，而且是急则治标，缓则治本"的道理。

培训班结束后，谢煜焜响应毛主席关于"把医疗卫生工作的重点放到农村去"的指示，用中西医结合的方法为群众防病治病。在任县卫校校长期间，自编《赤脚医生教材》，与同事一起，培养了百多位赤脚医生，为当地的医疗卫生事业做出了自己的贡献。

无愧

1987年，谢煜焜从广西调回德庆县人民医院工作。1992年晋升为副主任医师，后任医务主任。时年50岁出头，便被同事和群众尊称为"谢老"。可见，谢煜焜回到家乡后的工作，同样得到了人们的肯定。

1994年，谢煜焜被任命为德庆县中医院院长，当时，该院以门诊为主，病房只收治少量内科病人，档次与镇级卫生院相仿。上任后，在上级领导和有关人员的支持下，医院很快设置了小儿内科、外科、妇产科和康复科，还增设了老年病、骨伤等重点专科。为了传承和发扬中医药学，谢煜焜边工作，边编写《中医新技术应用》等学习班教材。尤其在中西医结合治疗感染性疾病等方面，他毫不保留地将自己的临床经验和心得体会记录下来，传给后学。

全国基层名老中医传承工作室简介

谢煜焜从医 50 多年来，始终遵循救死扶伤，以病人为中心，全心全意为人民服务的宗旨。对待病人，他不摆架子，热情接待每一位患者。在就诊的高峰期，他经常延班一两个小时，坚持看完最后一位病人。在就诊过程中，遇到一些不够钱，而病情又不轻的病人时，他总是想方设法，先让病人得到及时的治疗。诊疗过程中，遇到一些难以解决的疑难杂症时，谢煜焜总是虚心地邀请有关科室的医生共同会诊。

在医疗服务中，谢煜焜遵纪守法，廉洁行医，从来不接受患者及其亲友的财物。人们记得，谢煜焜多次说过，"医生要坚持以病人为中心的服务理念。法国胸科医学之父雷涅克说过，'当我们决心要成为医生的那一刻，我们的身上已经挂上了一条看不见的锁链，让我们背负一生。'倘若我们能够切切实实地为病人着想，务实求真，做好本职工作，那么，我们就可以响亮地说上一句'问心无愧'了！"

德庆首个国家级基层名老中医传承工作室的挂牌开诊，不是形式上将谢煜焜推上了"名人"的宝座，而是上级医疗组织和群众对谢煜焜 50 多年从医经历的肯定，也是对广大医疗工作者的关怀爱护、鞭策与鼓励。

金林出了这么一位名老中医，这不仅是金林村的骄傲，也是德庆县，以至肇庆市的骄傲。

谢煜焜医师

德庆首个国家级基层名老中医
传承工作室的相关报道

从南方大学走出来的谢炎荣

"江山代有才人出","天地同流"里,就有一位从南方大学(今华南师范大学)走出来的"才人"谢炎荣。也许他没有惊天动地的事迹,也没有慷慨激昂的誓言,但人们赞叹他是一个好党员、好干部。因为他不为名不为利,甘于清贫,默默奉献的精神,是有口皆碑的。这里记述的仅是他生活历程中的一些片断。

战斗的岁月　亮丽的人生

谢炎荣(1929—2015),笔名求实,是日星公次子。他的父亲为人颇有见识,尽管家庭生活并不富裕,仍千方百计供儿子上学读书。谢炎荣没有辜负长辈的教诲。他把敬畏文化、崇尚学问、厚道处世、正直做人的家风作为人生准则,不断鞭策自己、鼓励自己。

1949年,谢炎荣那时正在肇庆中学读高中。他凭着一股热情,考上了南方大学。在校期间,他追求进步,积极向上。先后加入了共青团和中国共产党,成为一名光荣的共产党员。

1950年6月,华南分局奉中央指示,加紧准备抗美援朝,加紧进行土地改革和巩固地方人民政权的工作。谢炎荣所在的第一期学员,被华南分局要求赶修理论课和专业课,准备参加"土改"。

1950年9月,华南分局抽调了1 000多名干部,组成了广东省"土改"工作团。谢炎荣跟随李坚真团长(女,广东丰顺人,全国30个女红军之一的老红军战士)和罗明副团长,先后进驻兴宁、揭阳、河源三个试点县,开展"土改"试点工作。当时,谢炎荣负责的具体工作是收集、整理、统计"土改"的有关资料。开始时,职务为办事员,后提升为省党委机关副科长。令人难忘的是,谢炎荣发表文章时所用的笔名"求实",便是李坚真大姐给他起的。

土地改革试点工作结束后,谢炎荣又跟随省"土改"委员会副主任李坚真回到广州东山总部办公室,被安排到广东省农村部工作。当时,省委为了加强领导,特安排了华南分局的赵紫阳秘书长来兼任省委农村部部长。

1977年,谢炎荣从农村部调到外贸部门,先后在广东省进出口公司、广东粤海公司工作。1990年退休后,还继续返聘他在广东省进出口公司和粤海代理公司任职副总经理,工作近9年之多,直到1999年才正式荣退。任职期间,谢炎荣为推动广东的改革开放和社会经济的发展,做出了积极的贡献。

身在异乡　心系祖国

退休后,谢炎荣和爱人黄莲焕一同到澳大利亚墨尔本市同女儿、女婿生活。

2014 年 10 月，谢炎荣在给笔者的来信中，谈起了他家庭的一些往事和他的晚年生活。

谢炎荣是 1954 年结识黄莲焕的。50 年代初，黄莲焕已是佛山市第一届党代表，担任过佛山市的中层领导。1960 年被调任省物资局工作。1957 年，谢炎荣的母亲带着小侄儿谢煜树（当时已失去母亲），一老一少在家乡金林村相依为命，他们俩很想把户口迁到梧州市与谢炎荣的长兄谢炎禧共同生活。谢炎荣当时没有向上级提出申请，更没有行使特权。最后是他的妻子按程序，先将母侄两人的户口迁到佛山，后再迁往梧州，使家人得以团聚。

谢炎荣和黄莲焕婚后育有一儿一女。谢炎荣说，他的儿子东洪和女儿为民都争气，学习也算不错。儿女分别留学澳大利亚和美国。儿子一家在美国旧金山市创业；女儿一家定居澳大利亚墨尔本市。他们的孩子亦学业有成，工作有建树。对此，谢炎荣夫妇都深感欣慰。

谢炎荣还说，他与妻子大部分时间都与女儿、女婿一起在澳大利亚墨尔本市生活。有时亦会到美国与儿孙欢聚一段时间。更值得高兴的是，每隔数年，举家回国返乡，与乡亲父老畅聚数天。虽然逗留时间不长，但那"甜不甜家乡水，亲不亲故乡人"的感受溢于言表。人们都说，"天地同流"一户住三大洲的故事，就这样被谢炎荣一家演绎出来了。

谈到晚年生活，谢炎荣感慨地说，他虽身在异乡，但心系祖国与家乡。平时，除了散步健身和参加一些有益活动外，还会通过电视、报刊、网络等媒体，了解祖国和家乡的发展变化。

谢炎荣对祖国的和平统一亦非常关注。2004 年 11 月 4 日，他在澳大利亚《新海潮报》以"文教处的关闭，深层含义是什么?"为题，义正词严地狠批台湾陈水扁"去中国化"的反动论调。在该文末段，谢炎荣写道："遗憾的是，我在墨尔本，还未见到中国政府的华侨事务办公室有这样类似的机构（指文中写到的文教处）和服务项目。如果确实未有，但能及时填补这个真空，那我们华侨就感到太幸福了。事实上，这也是，有利于国家和民族的大事，是值得投资兴办的……"值此向国家的侨务工作提出自己的意见和建议。

"人生苦短，奋斗为上。"这是谢炎荣生前教育子女时的常用语。一位与他工作过的湛江老朋友，回忆起谢炎荣的为人时，用四句短语作了概述：

踏实肯干，质朴无华；
奋斗终生，精神可嘉。

附：谢炎荣文献资料若干

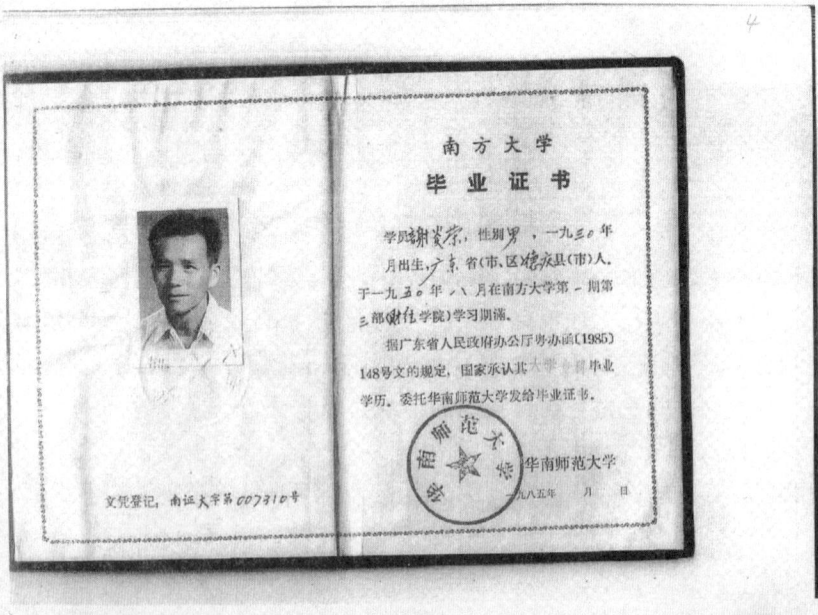

南 方 大 学
学 历 证 明 书

学员谢发宗，性别男，一九三0年　月出生，广东省(市、区)德庆县(市)人。于一九五0年　月在南方大学第一期第三部(　学院)学习期满。

据广东省人民政府办公厅粤办函〔1985〕148号文的规定，国家承认其 大学专科 毕业学历，享受国家规定的　大学专科　毕业生待遇。委托华南师范大学发给毕业证书。文凭登记南证大字第 003310 号。

特此证明

华南师范大学
一九八五年 十二月五 日

（此件存入本人档案）

谢有年与国学在金林

德庆县的金林村不但是美丽之乡，还是礼仪之乡。这里的村民彬彬有礼，善良仁爱。金林建村至今 1 700 多年，有 13 个姓氏，均能和谐相处，这与金林村重视教育特别是国学教育密切相关。

近代金林村传授国学最有名气的私塾教师，谢有年当推第一人。

谢有年（1875—1954），金林村余庆门人。他一生从事教育事业，曾在德庆金林村、直安村和荣村等地任私塾教师。他学识渊博，宅心仁厚，被当地人视为德高望重的一代宗师。

谢有年最独特的教育思想，就是把道德教育放在首位。他说，为人第一要义是学会做人。遵照孔夫子的教诲，做到"仁、义、礼、智、信"。否则，行止不端，读书无益；心高气傲，博学无益；做事乖张，聪明无益。认为只有学好做人的智慧，才能学好做事的本领。而做人的智慧必先从顺应天性的孝道文化学起，从孝顺最亲近的父母做起。

谢有年进行国学教育的必读教材有"四书五经"中的《论语》《孟子》《大学》；"教人为善"的《诫子文》《弟子规》《谢氏家训》《朱子家训》《颜氏家训》；还有启蒙读物《三字经》《千字文》《成语考》等。

以前的金林私塾，悬挂着谢有年撰写的几副楹联，多为教诲学生做人的启示。比如："善为至宝一生用，地作良田百世耕""德从宽处积，福向俭中求"。谢有年还在他住处附近"积善门"和"余庆门"的城楼上，分别写过一副广为村民称道的鹤顶格楹联："积德家余庆，善心世太平""余从俭里得，庆自善中来"。此外还有不少祠堂、学堂联语，都是希望年青一代，能由表及里领略中华民族的传统美德，提高自己的道德修养水平和社会责任感。如："继祖宗，一脉真传，克勤克俭；教子孙，两行正路，惟读惟耕""读书纵未成名，究竟人高品雅；行善不图获报，自然梦稳心安""攀书山，渡学海，争当赤子；弃草昧，绝庸俗，莫做白丁"。

先圣有言，身教重于言教。谢有年最有效也最令人心悦诚服的教育方法，就是从我做起，正人正己，率先垂范。至今金林村还流传着不少有关他言传身教的故事。

金林村有一条大水圳，圳水清洌甘甜，全村人皆从圳中汲水食用。为保持圳水清洁，村民约定，规定的时间里不能放鹅鸭、洗杂物污染圳水。以前，当地村民晚上照明皆用竹篾，此物需要在水中浸泡五六天后再晒干方能使用。一次，谢有年家人贪图方便，偷偷在圳水中浸泡竹篾。他发觉后，当即把竹篾丢掉并严厉地批评说："自身不正，焉能正人？"家人为此感到惭愧，村民们也因此深受教育，后来大家都自觉遵守"卫生公约"（当时曾由谢有年与众人商榷条文后，用红纸书写并张贴于村道当眼处）了。

金林村地处高台，村民们在金林河上游筑陂截流，沿人工渠引入金林，以解决当地以及马圩一带农民们的生活饮用水和农田灌溉水。截水的地方属于直安村辖地，当地一位姓陈的律师挑动直安村部分村民毁陂断水，损害下游群众利益。谢有年捍卫正义，不畏惧恶势力，他与肇庆府员谢鹤年一起将官司一直打到广州，终于赢得公理，有效地解决了下游村民的饮用水和生产用水。他还以这件事为例子教诲学生：读书人不能做文弱书生，要主持正义，坚持真理。这令学生们获益良多。

"修身、齐家、治国、平天下。"谢有年经常用这句话来教育学生。

抗战时期，肇庆中学于1939年迁来金林办学（1945年抗日战争胜利后回迁肇庆）。其间，肇庆中学校长彭炜棠住在谢有年家里。在乡长、大馆教师谢宋初和谢有年的牵头下，金林村民们积极为肇庆中学师生提供生活和教学方便，与肇庆中学师生结下了鱼水之情。谢有年主张正义，支持抗日，常与肇庆中学师生互动。1944年元宵节，金林村民与肇庆中学师生联欢，共度佳节，预祝抗战胜利。当时，大家舞龙舞狮、放孔明灯、举办文艺晚会，十分热闹。谢有年兴致勃勃，即席挥毫书联一副："金吾不禁元宵夜，林立长期抗日时。"联语贴于戏棚两旁，肇庆中学师生拍手称快，百姓群情激昂，爱国志气倍增。

肇庆中学迁往金林办学前后长达六年。国画大师黎雄才当年也曾经在金林村教学，因感激谢有年和谢宋初的支持，分别赠送字画。后来的国际女子排球教练兼裁判朱君达教授，也曾在金林（肇庆中学）任教体育，离开金林时特地撰联"雾山爽气舒怀抱，搭岭风光映画图"以示答谢。

（2014年6月30日发表于《西江日报》）

"电焊机大王" + "老板作家" 谢仲馀

　　当今世界，做老板的如恒河沙数，而能称"王"的，则寥若晨星；做老板发财的，多如牛毛，而发财后能无私地捐献国家和公益事业的，则如凤毛麟角；做老板后还能从事文学创作的，恐怕寥寥无几了——谢仲馀难能可贵之处，就是集"大王""作家""模范"和"功臣"于一身。

　　谢仲馀，广东省德庆县金林村鸡谈里人。1946 年 4 月出生，大专毕业。广州市金象工业生产有限公司董事长兼总经理，广州市作家协会副主席，第八、第九届全国政协委员。20 世纪 80 年代初，谢仲馀毅然脱离公有制企业，自谋职业。由于思维敏锐、经营视野开阔、坚守诚信，他所经营的企业不断发展壮大。同时他还热心于慈善、公益事业，并致力于文学创作，出版了好几部受读者欢迎的长篇小说。

　　谢仲馀是广东省改革开放后的第一批个体户，被誉为"电焊机大王"。他创办的企业在"从未向银行借过一分钱，也不拖欠任何一个人的工薪"的情况下，不断发展壮大，这在民营企业平均寿命不到两年的历史时期里是不多见的。因此，他被人们称为私营企业的"常青树"。谢仲馀曾经是第十届广州市政协常委，历任广州市工商联会长、广州市慈善会副会长、广东省私营企业协会副会长等职；2008 年，他被评为"全国爱国拥军模范"。并多次被广东省、广州市政府授予"爱心献功臣"等称号。

苦钻技术　自谋出路

　　谢仲馀曾是广州机电系统的一名高级技师，当时月薪 83.11 元。这个数，在今天可能不够邀一两个朋友上酒店喝早茶；在当年，却是普通打工者月薪的一两倍。当时，他妻子是下乡知青，也没有广州户口。没有户口，自然不会配给口粮及鱼、肉、蛋、食油等副食品。

　　20 世纪 80 年代初，改革开放处于刚刚起步的阶段，广州的个体工商业小荷初露尖尖角。毕业于高等机电专业的谢仲馀，将这一切看在眼里，挂在心上。1981 年，他毅然决定告别公有制企业，自谋出路。刚下海时，谢仲馀用工作 20 年来的所有积蓄——450 元买了些破旧的机器，然后维修机器。由于认真细致、技术过硬、服务好，谢仲馀成为广州市首批个体户之一，他开办了金象五金机械工场，既接活，也提供上门修理服务，每天连轴转，从早忙到晚，虽然累得很，但收入大增，也不用担心没钱买高价米、高价肉了。到了 1982 年，他就成了当时少有的万元户，从无本钱变成了有资金。于是，他便拿出积蓄请来了几个学徒，还添置了一些废旧机械，在家里办起了金象五金机械工场。改革开放初期，许多机械电器基本上都是从苏联进口，社会上普遍使用的电焊机也是国产苏式的，粗大笨重，用起来不方便。细心的谢仲馀，敏锐地觉察到其中的商机，他判断中国电焊机市场是一个待开发且潜力巨大的行业。据此，学机电出身的谢仲馀，立即琢磨如何制造小型电焊机。经过无数个日夜的钻研，他终于研发出了一种功率相当，体积合理，但只有国产苏式五分之一大的手提式电焊机。慢慢地，小型金象电焊机凭着体积小、功率大、寿命长、成本低的优点，顽强地在市场上站稳了脚跟，产品畅销大江南北，甚至远销东南亚各地。

诚信为本　质量第一

随着改革开放进程的不断推进，国家陆续出台了支持民营企业发展的系列政策，认可民营企业是社会主义公有制的重要组成部分，给国家带来了良好的经济效益。由于经济政策鼓励，政府部门支持，谢仲馀的工厂由当初的作坊经营、个体字号，发展成为私营企业、公司经营，人数也从一人变成五人，从五人变成了几百人。谢仲馀对他的产品一直有独到的经营理念。他坚守"三本"经营的原则，即"本心、本事、本钱"。"三本"之中，本心最重要，是摆在首位的。所谓本心，其实就是本德、诚信，收了人家的一元钱，就要帮别人做足一元钱的活，如果做了九毛钱，那就是欺骗，后患无穷，路就会越走越窄。所以本心在人们做事或企业经营中永远都是第一位的。第二是本事，知识就是力量，工业生产没有过硬知识不行，没有知识的企业不会有进步，没有知识的产品不值钱，无法养活自己，注定会被社会淘汰。最后是本钱，本钱最容易拥有，特别是有融资机构。但离开本心和本事，本钱越多越危险，随时都有可能亏光。

热心公益　回报社会

谢仲馀是个有名的"六不懂"：不懂下棋、不懂搓麻将、不懂玩扑克、不懂跳舞、不懂抽烟、不懂饮酒，但他致富不忘国家，不忘回报社会。他常说："民营企业家的成长和发展，得益于改革开放的政策，因为国家给了我们机会，才让我们找到了一份最理想的终身职业，我们从这份职业中所获的一切，都源于国家政策，回报社会是我们应该做的事情。"他自 1988 年起，积极参与拥军活动，共为拥军等活动捐款现金达 800 多万元，占其财产的百分之十。他还积极参与各项公益慈善活动，扶贫济困、拥军优属、敬老助养等活动更是十多年如一日，深受当地政府的肯定和群众的称赞。

专注写作　成果丰硕

谢仲馀爱好文学，自 2000 年起开始写小说。他先后出版了 10 多万字的广州方言讽刺小说《肥记饭店》，30 多万字的弘扬正能量的长篇小说《人海人》，《人海人》分上下两集，讲述了主人公坎坷又堪称传奇的一生。《人海人》大量描写入侵军队、军阀及土匪的罪恶，再现人间冷暖以及战争给社会带来的严重破坏。60 万字的长篇小说《了富贵浮沉》以及《乱引进》，4 部作品共计 120 多万字，被誉为"老板作家"。当人们问他"为何这么忙，还忙里偷闲写小说"时，谢仲馀说，他入"爬格仔"行，原因很简单：一是自小喜欢看书，尤其是章回体小说；二是想通过小说抒发自己对社会的看法和劝世理论，他称自己的作品是"劝世文学"。

附：谢仲馀的《十富歌》和《十贫歌》

十富歌

第一富	养猪蒸酒磨豆腐	第二富	一生磨炼不叫苦
第三富	勤劳节约能变富	第四富	圣贤书文能今古
第五富	半点本事我师傅	第六富	善良积千戒嫉妒
第七富	道德高尚人拥护	第八富	钱财分明大丈夫
第九富	富贵不忘当年苦	第十富	奉公守法记牢固

十贫歌

第一贫	永不劳动等好运	第二贫	不信书中有学问
第三贫	任何事情不认真	第四贫	一生懒极未发奋
第五贫	喜欢赌博有金银	第六贫	忠言逆耳最憎恨
第七贫	眼前小利不认亲	第八贫	得意之时不饶人
第九贫	奸偷强抢当恶棍	第十贫	遇事不决怕伤神

图诗千古事　馨风值此传

古人教化世俗，涤风城乡，常勒石以规约、箴言、训范，立于显要之处，供人观摩接触，耳濡目染。它们为匡正社会风气，促进家庭和睦，起到不容小觑的作用。

金林村上林门的陈赞文（1936—　）是一名剃头师傅，自20世纪50年代始，数十年来，他的剃头铺里始终张贴着一幅题为"老来难"的千年图诗，用一句"当你老了"的朴素话语，与修身、齐家、治国、平天下等中国传统文化联系起来，启示教育了村中一代又一代的年轻人，使忠厚传家、孝亲敬老的村风民风得以传承发扬。

北京大学民营经济研究专家顾问、终身国学传播者康华兰教授说过，"一生只做一件事，就是传播国学"。他还说，"对于民众来说，他们更需要一个讲故事的人，在愉悦放松的同时，能够在知识上拓宽视野，增长知识，实现真正能量的传递，做一个中国优秀文化的传播者"。自古以来，金林村以"讲故事"的形式来传播国学者不乏其人。就近代来说，除了教私塾的谢宋初、谢有年和历届的学校教师外，被喻为"摸顶三杰"的谢进德、谢庆昌和陈赞文等人，也是其中的佼佼者。

无独有偶，2017年4月17日，"珠海在线"以"大学生体验'老来难'，很难得"为题，报道了大学校园开展"当你老了"的老年状态体验活动。报道说，日前，由珠海市福利中心养老机构巡回社工服务项目提出倡议，协同联合国际学院全人教育课程共同策划，举办的"当你老了"老年状态体验活动走进大学校园，他们让参加者穿上特殊装备，亲身体验80岁以上的老年人在日常生活中的种种不便，让年轻人更好地理解关心和服务身边的老年人。开展这样的活动，把《老来难》当成一种教材来教育下一代，使"孝"文化的传统教育更立体，更具感染力，更能促进社会和谐。

国学经典需要传播，更需要普及。笔者特将千年图诗《老来难》的相关内容辑录于后，以期"图诗千古事，馨风值此传"。

陈赞文（温爱民摄）

组字图诗《老来难》

　　《老来难》相传为唐朝杜牧于775年所作。语言通俗，描述细腻，道尽老年人的生活特点和万般苦痛，劝人要孝敬老人，尊重老人。并委婉地告诉人们，人人都要经过老年这一阶段，孝敬老人也是尊重自己。过去，有人用这篇《老来难》写成一个老人拄杖的画像，形象逼真。农村人将其贴在屋里，用来提醒人们的孝敬心，久传不衰。

老来难

老来难，老来难，劝人别把老人嫌。当初只嫌别人老，如今轮到我头前。
千般苦，万般难，听我从头说一番。
耳聋难与人说话，差七差八惹人嫌。崔矇眼，似鳔沾，鼻泪常流擦不干。
人到面前看不准，常拿李四当张三。年轻人，笑话咱，说我糊涂又装酸。
亲友老幼人人恼，儿孙媳妇个个嫌。牙又掉，口流涎，硬物难嚼圆圆咽。
一口不顺就噎住，卡在嗓内噎半天。真难受，颜色变，眼前生死两可间。
儿孙不给送茶水，反说老人口头馋。鼻子漏，如脓烂，常常流落胸膛前。
茶盅饭碗人人腻，席前陪客个个嫌。头发少，顶门寒，凉风飕得脑袋酸。
冷天睡觉常戴帽，拉被蒙头怕风钻。侧身睡，翻身难，浑身疼痛苦难言。
盼明不明睡不着，一夜小便七八遍。怕夜长，怕风寒，时常受风病来缠。
老来肺虚常咳嗽，一口一口吐粘痰。儿女们，都恨咱，说我邋遢不像前。
老得这样还不死，你还想活多少年？脚又麻，腿又酸，行动坐卧真艰难。
扶杖强行一二里，上炕如同登泰山。无心气，记性完，常拿初二当初三。
想起前来忘了后，颠三倒四惹人烦。年老苦难说不完，仁人君子仔细参。
对老人，莫要嫌，人生哪能净少年。日月如梭催人老，人人都有老来难。
人人都应敬老人，尊敬老人美名传，美名传。

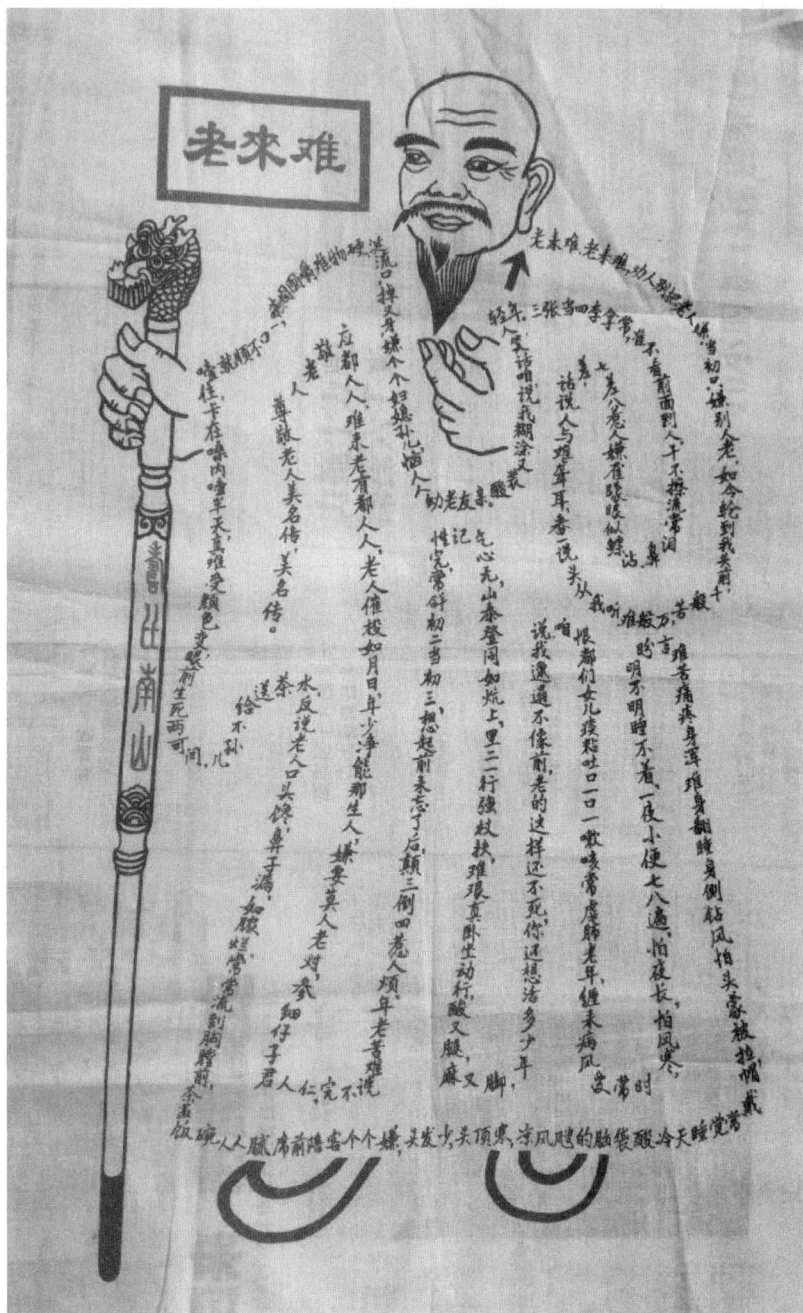

《老来难》图

警示后人的联语故事

"吾先祖，创业维艰，放一鸟，牵一牛，全凭激励；尔后人，克家聚族，鸡有谈，风有羽，务在显扬。"

此联语出自德庆县金林村谢姓清轩祠。联语中"克家聚族"的"克"是能够的意思。自清康熙年间建祠以来，该联成为一直悬挂于厅堂的固定联。

联语的字里行间，蕴藏着一个发人深省的家风故事。

话说清康熙年间，金林村有位授国学生姓谢，名朝杰，字襄臣，号清轩。其曾祖父是明万历年间迁居金林的。清轩的前辈由于聪慧勤奋，给他留下了一笔可观的财产。然而，正值少年的清轩，却不加珍惜，整日不思进取，游手好闲，不务正业。玩雀鸟成了他的嗜好，长年累月，每天只见他提着鸟笼在村中浪荡。对于父老的劝告，他当作耳边风。不久，家业败落，生活潦倒。

一个大年夜的前夕，村中的人都忙碌着准备过年。清轩却因手头拮据而发愁。天将晚了，他还提着鸟笼无精打采地在村中游荡。忽然，身后传来了一个大户人家的长辈在高声训子："若要富，勤俭持家是门路；欲要穷，整天伴个雀儿笼。"清轩听出这话是直冲他而来的，心里很不是滋味。当晚左思右想，辗转反侧，难以成眠。于是起床点烛，顺手胡乱地翻起书来。"非我而当者，吾师也；是我而当者，吾友也；谄谀我者，吾贼也。"《荀子·修身》这段富有哲理的话，使他眼前一亮，茅塞顿开。

"不贵于无过，而贵于能改过。"在大年三十的早上，为表示悔过自新的决心，清轩打开鸟笼，将心爱的画眉鸟放飞。从此，他潜心修养，刻苦攻读，终成大器，成为当时小有名气的秀才。

一个偶然的机会，清轩重视起贩牛的生意来。一天，他跟一个远房亲戚去学习贩牛。谁知自己买回来的牛，一连三圩都无法卖出去。他心灰意冷了。第四次他又把牛赶到圩上叫卖，但直到日近黄昏，还无人问津。清轩只好将牛拴在一条石柱上，沮丧地独自在一旁呆坐着。"这头牛卖多少价钱？"一个操外地口音的客户，推了推他。清轩似醒非醒地伸开五指向客人扬了两下。"五十文……一百文？"客户不解地问。清轩以为来人是问他这牛卖与不卖，于是他又点了一下头。谁知这位客人则以为他是"非一百文不卖"的意思。于是马上凑足一百文钱交与清轩，做成了这笔生意。清轩大喜，因这突如其来的价钱，令他怀疑自己是在做梦。事后，清轩才知道，这位客户是识货之人。他所卖的牛，原来是一头难得的极其吃苦耐劳，被称为"四蹄踏雪"的"盐田"牛。有了这次经验，清轩信心倍增，并潜心钻研起"牛"的学问来。数年后，清轩由"牵一牛"开始，逐渐发展成了一个贩牛大户。清轩发财了。他为自己的六个儿子，分别建造了一座青砖大屋（镬耳

现存清轩祠的后座

屋），并时时以自身的传奇经历教育后代从严治家。后来他的六个儿子中亦有三人中了秀才。家族振兴了，村人对他也刮目相看了。人们不再提"若要穷，玩雀笼"，却在大街小巷里唱起了"襄臣屋，池中谷"的儿歌来。

清轩的儿子在为父建祠以纪念祖先的同时，特撰写了"吾先祖，创业维艰，放一鸟，牵一牛，全凭激励；尔后人，克家聚族，鸡有谈，凤有羽，务在显扬"这一副作为家训之一的联语，被定为祠堂的固定对联，意在昭示后人："克家聚族""务在显扬。"

数百年来，谢姓家族人才辈出，事业有成。直到现代的谢氏后代也不愧对祖先。鸡谈里的"天地同流"，出了包括谢炎禧、谢炎荣、谢煜焜等一大批名人，谢炎荣的子女谢东洪和谢为民，现在分别在美国和澳大利亚定居发展，演绎了"一户住三大洲"的传奇；鸡谈里的谢仲馀，凭着450元起家，从一名普通电工，成为拥有6 000万元资产的广州市金象工业生产有限公司董事长；金林乡前乡长谢宋初的一门三杰（谢君努，黄埔军校第十四届学员，傅作义部下，独立炮兵团副团长；谢君礼，中华人民共和国成立初期广州大学法律系毕业，绥贺支队二团的宣秘股长，德庆法院工作；谢君来，中华人民共和国成立初期德城镇一小校长）；余庆门的谢锐强，早在20世纪90年代便获得化学博士学位；谢庆满于武汉海军工程学院毕业后，一直在榆林港海军基地师部工作，2013年转业于肇庆市司法局；谢金晟，于2014年6月获华南理工大学软件工程硕士学位……

金林村的谢氏家族得以家业兴隆，人才辈出，这与其家族良好的家风传承有着很大的关联。

现存清轩祠后座的古联语

谢锐强博士故居（谢国德摄）

石敢当的故事

金林村金坡祠东面的巷角处，有一方高约 1.5 米的石碑，上刻"泰山石敢当"五个大字。其字迹、图案清晰，至今保存良好；沙旁旧粮所侧边那块石碑更大，高达 3 米左右；最小的可能是新圩镇政府背后，筋竹社君祭台上的那块了。它高约 0.6 米，宽仅二三十厘米。最令人惊讶的是，新圩镇政府背后处，居然有个以"石敢当"命名的村庄……

带着猎奇的心理，笔者走访各地乡亲父老，翻阅有关历史资料文献，揭开了这个村庄的神秘面纱。

一

"泰山石敢当"原来是指泰山的石头。传说石敢当是一个勇敢的人，在泰山一带颇有名气。汶口镇有一户人家的女儿，得了一种怪病。每到夜间便会受到妖气的侵扰，因而身体极度虚弱。家人到处求医未果。后来，石敢当帮她驱逐了邪气，治好了怪病。自此之后，哪里有妖邪之事，人们都来请石敢当。石敢当应付不了，便请石匠用泰山石刻上"泰山石敢当"字样，代替他帮助人们镇邪除妖。

宋·王象之《舆地纪胜》记载"石敢当，镇百鬼压灾殃，官吏福，百姓康，风教盛，礼乐张"。因此，民间更相信泰山石有神力，便用它来驱妖镇邪了。相传在康熙年间，徐闻县有一位知县，上任不到三个月便离奇去世。新调派的知县，迟迟不敢赴任，连忙请来风水先生察看。原来，衙门外有座宝塔的影子正好映在县太爷的

"泰山石敢当"石碑

公案上，前几任县官皆受阴影的压力而亡。风水先生认为，唯有泰山石才可以抵消宝塔的压力。于是，县太爷按风水先生的指点，请来泰山石。如此，新县官上任后，果然平安无事。消息传出，百姓纷纷效仿。用泰山石镌刻上"泰山石敢当"字样，立于街头巷尾，以镇妖驱邪。时间长了，这种做法不仅普及全国，还"出口远销"海外，至今不衰。在东南亚各地，建房子时亦恭请这位"石神"立于墙角，以保"兴工大吉"；日本的冲绳等地，还设有专门制造"石敢当"碑石的店铺，向众信徒出售这种"神石"。因此，"泰山石敢当"便成了人们心中地地道道的护身符。

二

泰山石敢当的习俗，从内涵上体现的是"平安"二字。它源于泰山，遍及全国，远播海外。传播过程中，逐渐形成了具有多种版本的"泰山石敢当"故事群。"泰山石敢当"习俗以石刻为有形载体，与无形的民间口传故事共同存在。国务院公布首批国家级非物质文化遗产名录，"泰山石敢当"习俗榜上有名。

关于"泰山石敢当"，还有一种流传甚广的传说，即石敢当就是姜太公。当时姜太公封神，封来封去，不知是因公忘私，还是忙得糊涂了，到最后竟然忘记了自己的份儿。于是，只好自封为"泰山石敢当"。自唐代以来，很多地方盛行在大街小巷要冲的位置，刻上"姜太公在此，诸神归位"的字样，用来降服鬼妖。据说周文王曾封太公为灌坛令，管理泰山地区。经太公一番精心治理后，泰山一带风调雨顺，五谷丰登，万民欢欣。数年后的一个晚上，文王做了一个怪梦。梦中在他出巡的路上，有一个漂亮的少女挡道而哭。文王问其故，少女答道："我是东岳泰山神的女儿，如今到了婚嫁的年龄，父亲要我嫁为东海妇。可是我去东海时，必须兴风作浪，到时必会冲毁堤岸，给百姓带来灾难，姜太公的名声，到时亦会因此而一落千丈。我左右为难，故此大哭。"文王一觉醒来，方知是梦，急召太公问话。就在太公前来面见文王的当天，泰山地区果然有大风疾雨出现，泰山神之女趁太公不在，已兴风作浪往东海去了。文王认为太公治理封地有方，政绩突出，于是封他为大司马。此后，民间便从这个故事悟出道理，姜太公威镇诸神鬼怪，只要他在此，鬼神就不敢作孽了。于是，民间制作"姜太公在此，诸神归位"的字牌，用来挡煞、降服鬼怪。相传，设立"石敢当"字碑或"姜太公在此，诸神归位"字碑时，必须选择冬至后的龙虎日（如甲辰、丙辰等）。先选好长石刻上字样、图案，除夕夜再以生肉三斤祭拜。新年正寅时，再将石碑立于相应的位置上。

三

我国是一个传统的农业大国。农业生产依赖风调雨顺的自然环境，不然灾害降临使基本的生存都成问题。随着风水迷信的形成，人们便把一切不可思议的自然现象归咎于"鬼神"的作祟。当时，人们对神秘莫测的大自然怪象的认知能力低下，更谈不上改造大自然。于是便形成了对天、地、江、河等神秘的自然现象的敬畏和对"鬼神"崇拜的习俗文化。

对"泰山石敢当"神石的崇拜，在德庆城乡流传甚广，并更具特色。德庆民间把"泰山石敢当"视为镇宅、化煞、纳吉的靠山。但凡丁字路口被称为"凶位"的地方，大都竖立着一方大小不一、高低不等以花岗岩石板做成的"泰山石敢当"。一些石碑，除刻有"泰山石敢当"字样外，在碑额上还常刻有狮首、虎首等浅雕。目前德庆民间还有不少"泰山石敢当"神石被保存了下来。笔者特地拜访了那个以"石敢当"命名的村庄。新圩镇文化站聂站长说，石敢当村是由两广聂氏始祖从竹围寨（今埌根村）搬来的，已有近 300 年的历史。据说乾隆年间成寨，改名"石敢当村"。当时，村头建有"筋竹社"和"石敢当神庙"，供各方善男信女拜祭，祈求神灵化煞消灾，保佑风调雨顺，国泰民安。"文革"破"四旧"时，社君、神庙一同被毁，村名亦被改为"红卫村"。聂站长还说，石敢当村，现有 42 户人家，193 人。其中 70 岁以上 11 人，80 岁以上 2 人。拥有水田 38 亩，山地 350 亩。因道路变迁，村里大部分村民都在省道两旁建了新楼住上了洋房。

石敢当村的"筋竹社君"

筋竹社君祭台上的"石敢当"石匾

　　80多岁的聂伯说，筋竹社君旁的大榕树，原来树头处有个大树洞，洞内立有一块"石敢当"石碑。几十年过去了，树根越长越大，石碑被树根完全包住了，但人们现在还照样在树根前烧香拜祭。聂伯指着社君祭台上的那一块石敢当石碑说，这块石碑是神庙被毁时，一些村民偷偷地收藏下来的。只见石碑中间"石敢当"三个大字清晰可见，右侧有"乾隆乙酉□□"等一行小字。可以推想，"乾隆乙酉"（1765）就是该石碑竖立之时，也是"石敢当村"成寨之日。

慈祥寺的"寿"字碑

　　肇庆德庆官圩金林村西山，曾有一座与香山古刹齐名的宋代寺院——慈祥寺。清·光绪《德庆州志》云："金林寺，在金林西山。旧名慈祥寺。宋钟文可建。"20 世纪 60 年代初慈祥寺被毁，遗址上现存一尊石龟。这尊石龟原本位于寺门口右侧，龟背上竖着一方刻工精细的石碑，碑文记述着该寺修建的时间及捐助者姓名、金额等内容。

　　金林西山环境幽雅，慈祥寺是一座古色古香的砖木石结构建筑，占地广阔，建筑精美，门前有石级排列而上，寺前有山门，书有"净地何须扫，空门不用关"的门联，与福州鼓山白云峰涌泉寺山门的联语雷同，不知是巧合，还是另有蹊跷，无从查考。但联语作者从"净地"想到不用扫地，从"空门"想到何须关门，构思奇特，妙语双关，极具情趣。

　　慈祥寺主体建筑分前、中、后三座。前座与中座之间为一大天井，天井两旁均为长廊。中座和后座之间亦有天井相隔，天井右侧植有丹桂古树一株，高及殿檐，花开时节，香气袭人。旧时，慈祥寺门口左边盖檐下，竖立着一块高 1.2米，宽 0.7 米的"寿"字碑。据说，碑上的"寿"字乃著名道家人物陈抟老祖所书。

　　在金林村，"先有寿字碑，后有慈祥寺"的说法由来已久，细说起来，这里有故事。

　　话说唐朝年间，魏国八王子魏无量云游到京城，在城郊树林里，收了一个名叫陈抟的青年书生为徒。在武当山的九室岩洞里，陈抟跟魏无量学习道家的内丹功夫，并且举一反三，有时连其师傅也自叹不如。陈抟学成后，为人指点迷津，导人向善，福荫苍生。唐朝末年，兵荒马乱，百姓苦不堪言。陈抟决定下山遍访英雄豪杰。一天，陈抟骑着毛驴走在长安大街上，遇上了赵匡

陈抟书写的"寿"字

胤。只见其身材魁梧，气宇轩昂，国字脸上的眉宇间蕴含着一种不同凡响的皇者气质。陈抟断定此人必非池中物。赵匡胤登基后，陈抟的知名度越来越高，达官贵人，争相讨教。传说，赵匡胤多次的劫难，就是因为陈抟的赠言，才有惊无险转危为安。连宋太宗继位后，每遇难断之事，常派官员向已隐居西岳华山云台观的陈抟请教。据说，重庆大足石刻宝顶大佛湾末段十大明王像下岩壁上的神智体（近乎谜语的诗体）"寿"字，是当地官员向陈抟老祖请教时获赠的墨宝。当时，曾引来众多官员及民众观摩，现场人们议论纷纷，有说"寿"字内藏"林富佛寿"四字，有说内含"金林佛寿"四字，还有人说更像"寿佛

揭阳市双峰寺内"寿"字碑

富金林"五字。仁者见仁，智者见智。不管怎样，人们都觉得陈抟老祖所书的"寿"字内含瑞气，能福荫苍生。于是乎，官府郑重其事地请来能工巧匠，择个良辰吉日，沐浴斋戒，向"寿"字祭拜后，将"寿"字刻到了岩壁上，祈求福荫。

赘话不说，言归正传。在一个春光明媚的日子里，一位姓钟，名文可的德庆官员，邀上三五知己，来到金林西山踏青赏景。他们在苍翠欲滴的格木林下与一位自称是陈抟老祖弟子的年轻人相遇。奇怪的是，该年轻人虽衣衫不整，但面色红润，光彩照人。更令人惊讶的是，此人说其身旁的一块石碑竟然是他从千里之遥的西岳华山搬来的。再看石碑，上面赫然雕刻着一个大大的"寿"字。大家不解，向年轻人讨教。原来，这个年轻人名曰绿竹子。他曾跟随陈抟老祖在华山学艺。当年陈抟老祖书写"寿"字时，他也在场。后来，他将"寿"字制成了拓片，并在云台观旁选了一块上等石料，将"寿"字刻了上去。其后，茶饭不思，冥思苦想了三月。一日，绿竹子似乎领悟了什么。他认为，该"寿"字内含"寿佛富金林"五字更为确切，并坚信天下定有名曰"金林"之地。于是拜别师父下山，辗转千里，历尽艰辛前去寻找神灵之地——金林。

绿竹子向钟文可等人问清这里的地名之后，将"寿"字碑的奥妙向钟文可等人细说一番。临别时再三叮嘱，金林西山属"寿星、金龟、蝠、鹿、鹤"五

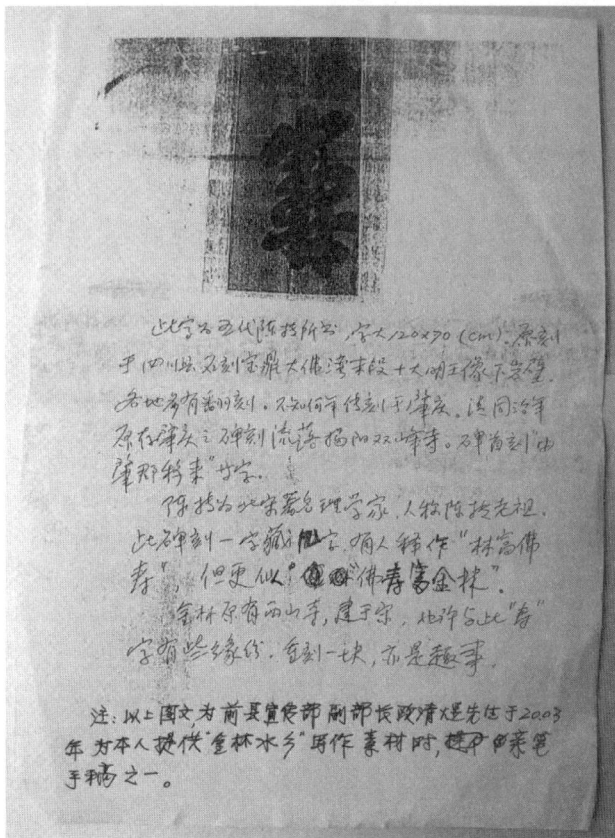

"寿"字碑由来

灵之地之一。于此地兴建一座寺院，并立上"寿"字碑，可应验陈抟老祖所书"寿佛富金林"矣。钟文可等人听后不敢怠慢，为造福村民，福泽后代，人们筹集资金，广选用料，招募能工巧匠，前前后后足足花了三年时间才将慈祥寺建了起来。寺名取"慈悲为怀，如意吉祥"之意。寺观落成时，那块"寿"字碑端立于寺门口左边盖檐下。

自慈祥寺建好后，金林村真的连年风调雨顺，万事胜意。村民们安居乐业，出了不少贤达能人、大户人家。一些外乡人看了不禁眼红了起来，很多人还打起了这块"寿"字碑的主意。大约到了宋代末期，这块"寿"字碑不翼而飞。据传，该碑现存放在揭阳市双峰寺内，只不过碑上添刻了"由肇郡移来"等字样。属真属假，任人评说。但金林一带先有"寿"字碑，后有慈祥寺的说法却信者众，不信者寡。

苏东坡的两首神智诗

千年古刹慈祥寺旁曾有一块神奇的东坡诗石碑，碑上刻着苏东坡当年智对辽使的两首神智体诗歌：

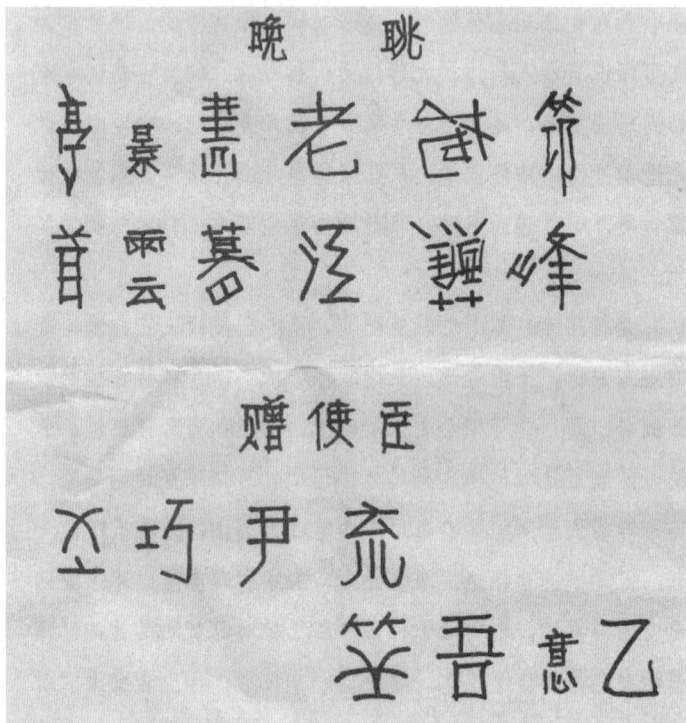

诗碑的来历，传说与慈祥寺第一任住持净空和尚有关。

北宋神宗年间，大相国寺里有一名小执役，法号净空。因仰慕苏东坡的文才及为人，他做梦也想寻个机会拜访苏东坡。不料，王安石变法后，苏东坡受奸佞诬陷，被排挤出朝廷（先后流放谪居岭南六年，在广东的广州、惠州、潮州、德庆三洲岩及海南等地留下了不少遗迹）。求友心切的净空和尚，闻说苏东坡被贬广东后，便不远万里，南下追随。当净空和尚化缘到金林村时，适逢慈祥寺即将落成。地方官钟文可闻说有僧人到访，大喜过望。相叙后，钟文可恭请净空和尚出任住持，并马上着手操办寺院开光事宜。净空心想，此地确是佛门清静宝地，在此落脚也可慢慢地将苏东坡之行踪访寻。一番谦让过后，净空和尚想到好意难却，便欣然答允。

元符三年（1100），苏东坡获赦北还。途中因被德庆三洲岩神奇的魅力吸引，不惜绕道，长途跋涉，从今广西藤县专程前来三洲岩一游。此乃相会之大好时机，净空和尚哪肯放过。于是，他披裟执杖风风火火地赶往三洲岩。可惜净空赶到之时，苏东坡等人已上船即将离岸。净空说过因由，并再三叩请一叙，但都被婉言谢绝。净空无奈，但求恩赐墨宝，苏东坡见净空情意真切，遂叫幼子将当年自己智对辽使的两首神智诗书写给净空，好作个留念。净空送别东坡后，仰望岩壁上"东坡居士自海南还来游，武陵弓允明夫、东坡幼子过、叔党同至。元符三年九月廿四日"之题名，不禁潸然泪下。

回到慈祥寺，净空和尚将那神智诗翻来覆去，看了又看，越看越觉有趣。心想，与苏东坡交不上朋友，何不将他的奇诗刻于碑上，立于寺旁作个永久留念？于是，他叫来石匠，将苏东坡的两首神智诗刻于碑上，立在寺旁。

慈祥寺自从有了苏东坡的神智诗石碑，慕名前来进香朝拜者有如潮涌，可谓热闹非凡。

可惜如今寺毁碑亡，好端端的古刹胜迹没有保存下来，留给人们的却是无限感慨。

附：神智诗析读

晚　眺

长亭短景无人画，老大横拖瘦竹筇①。
回首断云斜日暮，曲江倒蘸侧山峰。

赠使臣

颠倒成文工小巧，伊人不见空水流。
仰天大笑无言语，细意虚心一笔钩。

---

①　筇：音 qióng，古书上说的一种竹子，可以做手杖。

谢氏文化话楹联

　　中华姓氏文化丰富多彩，博大精深。其中家族专用楹联，由于各族各姓的典故出处和宗庙祭祀内容的不同，便有不同的内涵、特色，成为最能反映该宗族文化的核心。

　　从金林谢姓家族的专用楹联来看，不仅讲求对偶、平仄，更表现出高超的艺术意境。其深刻丰富的内容，从族姓来源、家族声望到宗庙祭祀，从伦理说教到励志修身等，可谓包罗万象。楹联的遣词用句也十分讲究，在寥寥数字中，往往包含着十分丰富的文化内涵。今仅就所见辑录数条谢姓祠堂书舍的楹联于后，并略加注释，试图揭开其中奥秘。但因学识浅陋，未必言之成理，尚待方家指正。

参加 2015 年泰国谢氏宗亲会成立 50 周年大庆
广东谢氏代表团在泰国首富、正大集团董事长谢国民先生的富贵黄金屋前合影

（1）乌衣望族，宝树家声。

乌衣，即乌衣巷，在南京市内东南方，是东晋南朝时陈郡谢氏在京城的住所，后用来指陈郡谢氏；宝树，又称玉树，传说中的仙树。魏晋时也借指那些姿貌秀美、才干优异之人。据《世说新语》记载，谢安曾问族中子孙："子弟亦何预人事，而正欲使其佳？"谢玄回答："譬如芝兰玉树，欲使其生于阶庭耳。"这是"玉树"两字由谢家人使用的最早记录。至唐代，宝树又指贵族子弟。如王勃《滕王阁序》即有"谢家之宝树"一语。

说到"宝树"，其中还有一个典故。东晋时期，谢安一门称贵，显赫当朝。晋穆帝升平五年（361），五更早朝之时，朝房前一株瑞柏，挂满谢氏灯笼，灿烂夺目。帝见而称之曰："真宝树也。"随即挥笔书就"宝树生辉"四字，赐予谢安，以光其第。此后谢安的子孙后裔，便以"宝树堂"作为谢姓之代称，并将其高高地悬挂在大门上方。从此，"宝树堂"便成为谢姓的堂号。

"乌衣望族，宝树家声"，意思是说，我们谢家原是东晋南朝的名门大族，又有人才辈出的名声。显然，这是一副反映家族声望的楹联。

德庆城区谢姓"宝树里"石匾

（2）庭生玉树，世济凤毛。

庭生玉树，典出同上；凤毛：南朝谢灵运子谢凤，颇有父风，其子超宗好学有文辞，盛得名誉。曾作祭宋孝武帝殷淑妃文，孝武帝看后大加赞赏，说："超宗殊有凤毛，灵运复出。"联语意思亦是说族中自古多俊才。

（3）乌衣望族，凤羽名流。

联意与"乌衣望族，宝树家声"和"庭生玉树，世济凤毛"两联相同。

（4）宝树家声远，乌衣世泽长。

该联与"乌衣望族，宝树家声"一样，运用了宝树堂、乌衣巷两个最能体现谢姓特色的典故，对仗工整，堪称名联。

（5）乌衣累代家声旧，宝树逢春气象新。

这副联语是称颂谢安文韬武略，淝水大捷，光大了谢氏门第，其功勋名垂史册。联中亦引用了乌衣巷、宝树堂的典故。乌衣巷家声依旧，宝树堂焕发青春，表示谢氏子弟已承传了先祖美德。该联意境更佳。

（6）扶晋室为卿为将为相，振家声立德立言立功。

该联是说，谢姓历史上当大臣、当大将、当宰相的不乏其人，要重振雄风，必须在立德、立言、立功上下功夫，勉励谢氏子弟，一定要勤勉，奋发图强。

（7）入斯第怀恩怀德，登此堂必敬必恭。

这一联语是说，进入祖祠就要缅怀祖宗恩德，进入祭祀厅堂要怀着尊敬虔诚的心情。

（8）学如逆水行舟不进则退，心似平原走马易放难收。

该联以"逆水行舟""平原走马"两个具体事件，来比喻"学"和"心"这两个难以捉摸的事物，使学习之艰难与心之易放纵变抽象为具体，变模糊为清晰，比喻贴切，富于哲理。

（9）有志者，事竟成，破釜沉舟，百二秦关终属楚；苦心人，终不负，卧薪尝胆，三千越甲可吞吴。

该联是清代著名文学家蒲松龄，在屡次参加科举考试不中的情况下，作此联以自勉的。联语先议后叙，匠心独运，巧用"破釜沉舟""卧薪尝胆"两个成语典故，抒发自己发愤攻读，成就事业的远大志向。

（10）虚心竹有低头叶，傲骨梅无仰面花。

这是清朝郑板桥题《竹梅图》时的对联，以此颂竹梅，旨在颂人品。上联抓住竹之特征，赞誉其谦虚的美德；下联刻画梅之精神，歌颂其不阿谀奉承的正气。

"余庆门"的那副对联

在德庆县官圩镇金林村余庆门谢有年的故居，每年都张贴着同样的一副门联。联曰：

东山起凤
淝水腾蛟

这副仅有八个字的谢氏家族通用联，为何博得主人如此这般情有独钟？

谢有年故居门联（江军辉摄）

追本溯源，金林村是德庆县四大名乡之一，这里大屋多、古祠堂多，还有就是古巷门多，有余庆门、积善门、长寿门、上林门、太里门等。谢有年（1875—1954）是金林村的文化名人，谢有年之子谢凤焜老人生前曾语重心长地对后辈道出了根由。

"东山起凤，淝水腾蛟。"语出"腾蛟起凤"这个成语。该成语出自《腾王阁序》。蛟，蛟龙；凤，凤凰。宛如蛟龙腾跃，凤凰起舞。形容人很有文采。该联还巧妙地将"东山再起"和"淝水之战"两个典故嵌入其中。

《晋书·谢安传》记载，东晋政治家谢安曾经辞官隐居在东山，后忧国忧民，不再做闲云野鹤，慨然下山辅助朝政，为国效劳，官至宰相，成了挽狂澜、安社稷的朝廷股肱之臣。因为之前谢安长期隐居在东山，所以后人就把他重新出来做官称为"东山再起"。

"淝水之战"，发生于东晋太元八年（383）。前秦出兵伐晋，于淝水（现安徽寿县的东南方）交战，当时，前秦拥有80万大军，而东晋仅有区区8万军力。淝水之战，谢安作为东晋一方的总指挥，运筹帷幄，指挥侄子谢玄，次子谢琰等东晋大将"引兵少却，使之半渡，我以铁骑蹙而杀之……秦兵遂退，不可复止。"《资治通鉴》第一百零五卷载。

可以说，在敌众我寡的危急关头，谢安临危不惧，指挥得当，而且运用独到的战略战术，大败强敌，稳定了东晋在南方的统治地位。"淝水之战"是中国历史上著名的以少胜多的战例。拥有绝对优势的前秦败给了东晋，国家也因此迅速衰败，北方各民族纷纷脱离了前秦的统治，分裂为后秦和后燕为主的几个政权。而东晋则趁机北伐，把边界线推进到了黄河，并且此后数十年间东晋再无外族侵略。"淝水之战"的胜利也让谢氏亦因此光芒大射，在江左大红大紫，与王氏同时成为门第最高的世族。

谢安长久盘桓的东山和建立殊勋的淝水之战，是谢氏家族的两个象征符号。一个象征着逍遥与精神自由；一个象征着建功立业与社会责任。这两个象征符号如同两座丰碑，耸立在谢家子弟的记忆之中。谢有年一家，百多年来，每年春节都书写张贴"东山起凤，淝水腾蛟"这副谢氏家族通用联，意在让子孙世代了解祖德宗功，要像谢安及其后人那样为国效力，延续谢氏家族的良好门风。

金林村的两副佳联

据传，清代嘉庆进士、广东才子宋湘，青年时曾游学到金林。今丽先祠内所存"柑罗园"三个大字的石刻，就是宋湘的亲笔手迹。民国期间，金林乡副乡长谢有年家中，曾珍藏着一副由宋湘撰联，国画大师黎雄才书写的对联，联云：

鹤声惊海岛，
松节傲眉峰。

可惜，此联"文革"时被人窃走，至今下落不明。我们再也看不到黎大师的墨宝了！

1939 年日寇侵陷广州后，省立肇庆中学迁到金林，以丽先公祠做校本部，西山寺（慈祥寺）及其他几间祠堂等做教室，继续上课。期间，长达六年，给德庆和周边青年提供了升学的机会，促进了当地的教育。1995 年 10 月为续编校史，肇庆中学领导到金林采访当年老校友，并拍摄金林村及丽先祠、西山寺遗址。金林老校友给肇庆中学母校赠联一副：

肇中迁校金林，国耻难忘遗饮恨；
师长畅游旧地，钟碑鼎刻铭衷心。

宋湘"柑罗园"手书石刻牌匾（徐向光摄）

城门、祠堂、厅堂、书舍联语集锦

积德家余庆，
善心世太平。
（积善门）

松高先见月，
岩秀自成春。
（松岩谢公祠）

余地自生春草碧，
庆云妙与雪花飞。
（余庆门）

和平盛世，
亭榭丰年。
（和亭谢公祠）

余从俭里得，
庆自善中来。

东山起凤，
沘水腾蛟。
（谢有年旧居）

余地有亨泰，
庆盛多吉祥。
（余庆门）

传家有道唯存厚，
处世无奇但率真。
（谢有年旧居）

盛世光前绪，
大年裕后昆。
（盛大谢公祠·谢汉超）

东山呈丽日，
宝树灿龙光。
（盛大谢公祠·谢汉超）

教子教孙须教义，
积善积德胜积钱。
（芝苑书舍）

芝兰并茂，
苑桂腾芳。
（芝苑书舍）

圣贤有教书勤读，
先祖当前孝是遵。
（谢有年旧居）

子孙贤族乃大，
兄弟睦家之肥。

平安竹秀淇泉澳，
富贵花开玉树枝。
（谢锐强博士旧居）

祖功宗德流芳远，
子孝孙贤世泽长。
（谢宋初旧居）

上承先祖行善事，
下训子孙学贤人。

余从宽处积，
福向俭中求。
（家居书房）

神德永扶家业旺，
祖功长庇子孙贤。
（家居厅堂）

祖德流芳思木本，
宗功浩大想水源。
（盛大谢公祠）

世泽常推耕读好，
家声最重德才高。
（家居书房）

天地无私行善自然获福，
圣贤有教修身可以齐家。
（芝苑书舍）

兄弟和其中最乐，
子孙贤此外何求。

勤俭持家远，
厚道处世长。
（松岩谢公祠）

福禄寿三星拱照，
天地人一体同春。
（家居厅堂）

满堂喜报平安福，
余庆欣开富贵花。
（家居厅堂）

福禄寿三星拱照，
天地人六合同春。
（家居厅堂）

燕翼贻谋承后裔，
凤毛齐美思前人。
（和亭谢公祠）

燕入乌衣巷，
花鸣宝树家。
（松岩谢公祠）

善积家方庆，
心闲体自舒。

居家漫道持家易，　　　　　　善为至宝一生用，
入世方知处世难。　　　　　　地作良田百世耕。
（山边岗·黄炎兴故居）

寻根追远，正本清源扬古训；
认祖归宗，敦亲睦族振家声。

斗室焕新模，自元白以来文酒联欢谁作主？
江山依旧样，问安源之后墅城退想待何人。

吾先祖，创业维艰，放一鸟，牵一牛，全凭激励；
尔后人，克家聚族，鸡有谈，凤有羽，务在显扬。
（清轩谢公祠）

淝水丰功，挽狂澜之已倒，开战绩先例，以少胜多，鹤唳风声，百万秦符惊
破胆；
东山伟业，措天下于磐名，树卫国典范，转危为安，口碑载道，千秋青史颂
殊勋。

女娲生炎姜水流，太公八十展鸿猷，河南祖籍陈留郡，申伯功封谢邑畴；
江左传芳昌国祚，东山再起解民忧，凤毛献瑞祥麟趾，宝树逢春万蕊稠。

世德礼前贤，华屋焕彩，大扬族望；
堂构承先绪，紫阁生辉，丕振家声。

朴质慈心，无欲则刚千秋业；
性和德厚，有容乃大万代祠。

塑祖德宗功，奕叶簪缨推望族；
别兰孙桂子，万年诗礼继先声。
（以上为谢氏宗祠通用联）

金林水乡景区联语集锦

金生丽水，
林蕴仙乡。
（入口牌坊·欧清煜）

公公十分公道，
婆婆一片婆心。
（土地庙）

水绿山青江山增绿韵，
屯丰业旺伟业著丰碑。
（大队水电站·吴逸荣）

船从湖上过，
人在画中游。
（北秀湖·谢卓伟）

山清水秀皆成画，
鸟语花香自是诗。
（旅游道·谢卓伟）

到门有路皆环水，
是屋开窗便见山。
（旅游道·谢卓伟）

雾山爽气舒怀抱，
搭岭风光映画图。
（抱图阁·朱君达）

金山有云皆献瑞，
林海无地不生香。
（旅游道·谢卓伟）

雾岭笼烟玉宇增妍花润雨，
秀湖映月楼台溢韵竹摇风。
（抱图阁·谢卓伟）

偶然风惊花落，
再来楼待月明。
（抱图阁）

诗情秋水净，
画意远山明。
（抱图阁）

松涛烹雪醒诗梦，
竹院浮烟荡俗尘。
（抱图阁）

烹茶邀上客，
种竹挹高风。
（抱图阁）

淡泊以明志，
宁静而致远。
（抱图阁）

梅花带雪飞琴上，
柳叶和烟入酒中。
（抱图阁）

格超梅之上，
品在竹之间。
（抱图阁）

上林花发，
都府春和。
（谈家大屋）

乐见阳和辉甲第，
喜将佳景入华年。
（进士第·谈敬欣）

门从积德大，
官自读书高。
（谈家大屋）

园丁辛勤一堂秀，
桃李成荫四海春。
（幼儿园）

良缘一世同地久，
佳偶万年共天长。
（婚嫁场景·头门联）

吾喜子喜重重喜，
友欢戚欢个个欢。
（婚嫁场景·二门联）

堂内奏笛迎宾客，
户外吹笙引凤凰。
（婚嫁场景·三门联）

月朗银河渡，
烛光绣阁香。
（婚嫁场景·洞房联）

日月光天德，
云霞拥地灵。
（四房头门楼·吴逸荣）

古甑蒸开天地眼，
金槌敲动帝王心。
（永盛酒坊·吴逸荣）

酿之太和醇有味，
酒以言德郁生香。
（永盛酒坊·谢卓伟）

古榨如雷惊动满天星斗，
油光似月照亮万里乾坤。
（祥盛油坊·吴逸荣）

黄豆精工做，
金林腐竹香。
（华盛腐竹坊·吴逸荣）

西施豆腐妙，
山水琼浆香。
（昌盛豆腐坊·吴逸荣）

逢迎远近逍遥过，
进退连还道达通。
（长寿门·古联）

余地自生春草碧，
庆云妙与雪花飞。
（余庆门·古联）

积德家余庆，
善心世太平。
（积善门·古联）

明月松间照，
清泉石上流。
（六合门·古联）

燕入乌衣巷，
花鸣宝树家。
（仁和门·吴逸荣）

尼山日暖，
泗水风和。
（仲林门·古联）

上听春雨读诗韵，
林醉秋风吟月声。
（上林门·谈敬欣）

竹翠松苍梅柳韵，
村荣业旺月风清。
（竹村门·吴逸荣）

平衍田畴歌万代，
川流日月福千秋。
（平川门·吴逸荣）

朝阳人觉晓，
杰阁燕知归。
（朝杰门·吴逸荣）

太阳光世界，
里弄沐春晖。
（太里门·吴逸荣）

金光昭日月，
龙国展宏图。
（金龙门·吴逸荣）

大展凌云志，
井萦秀水情。
（大井门·吴逸荣）

瑞日开昌运，
春风酿太和。
（太和门·谢卓伟）

金光辉丽宇，
林茂秀先祠。
（丽先祠·谈其藩）

南天日暖，
星斗风和。
（南星谈公祠）

望出梁郡，
源自商周。
（全联说明谈氏的渊源）

广开贤路财源茂，
平步青云家道兴。
（谈姓名门望族居住地之一"广平"嵌字联）

宴与洛宾，不减兰亭修禊；
名垂诗集，何异草堂流芳。
（唐朝名人谈弘苞的事典）

天布甘霖苏万物，
地迎时雨济群生。
（庆安宫）

兴雨降霖恩荡荡，
消灾解厄拜娘娘。
（地母娘娘社坛）

万众远来兼近悦，
安居长寿益延年。
（万安堂药店·谢君礼）

爆竹几声来吉到，
药汤一剂保平安。
（保平安药房）

势通百节招通胆，
气润三焦德润身。
（芝苑武馆）

刚柔正奇变化莫测，
动静虚实妙悟惟心。
（芝苑武馆）

收敛人性悟真谛崇德为本，
广交天下侠义士以武会友。
（芝苑武馆）

出手象如龙舞爪，
翻身类似虎回头。
（芝苑武馆）

今吾不禁元宵夜，
林立长期抗日时。
（1944 年元宵节肇庆中学师生与金林村民联
欢晚会·谢有年）

一条大道通南北，
两边小店卖东西。
（长寿南·宋湘）

金泽清溪盘老寨，
林泉绿涧伴人家。
（旅游道·谈其藩）

金泽清溪大雾灵山藏古砦①，
林泉绿涧小桥流水伴人家。
（旅游道·谈其藩）

鹤声惊海岛，
松节傲眉峰。
（国画大师黎雄才书赠谢有年联）

———————————

① 砦：同"寨"。

寿桥拱月拱桥寿，
山鹿鸣春鸣鹿山。
（寿山桥·谢卓伟）

大雾山头山雾大，
深潭水里水潭深。
（大雾山·谢卓伟）

数百年旧家无非积德，
第一件好事还是读书。
（龟尾书舍）

净地何须扫，
空门不用关。
（慈祥寺）

慈眉善目施仁义，
祥雨和风显太平。
（慈祥寺）

观察民情施善德，
音传佛道布慈祥。
（慈祥寺·观音殿）

在圣不增在凡不减妄心歇则真心岂可随俗浮沉，
遇父言慈遇子言孝佛法不外世法正应代佛宣化。
（慈祥寺）

怨天尤人愚何其极，
修德行善福在其中。
（慈祥寺）

杨柳枝头甘露洒三千法界，
莲花座上慈云映亿万河山。
（慈祥寺）

雾岭山灵，和尚骑龙施法雨，
金川畈美，观音踏水泛莲花。
（骑龙庵）

读能明达耕能富，
成自谦虚败自骄。
（芝苑书舍）

甘露洒瓶中福缘广布，
慈云重座上善果常昭。
（慈祥寺）

积善千秋成佛法，
慈祥万载为神圣。
（慈祥寺）

为学应须毕生力，
攀登贵在少年时。
（芝苑书舍）

纸上读来终觉浅，
心中悟出始知深。
（芝苑书舍）

继祖宗，一脉真传，克勤克俭；
教子孙，两行正路，惟读惟耕。
（芝苑书舍）

读书纵未成名，究竟人高品雅；
行善不图获报，自然梦稳心安。
（芝苑书舍）

攀书山，渡学海，争当赤子；
弃草味，绝庸俗，莫做白丁。
（芝苑书舍）

梅兰菊竹香满室，
琴棋书画居家兴。
（金坡谢公祠）

竹无俗韵，
梅有其香。
（金坡谢公祠）

拥林万亩，眼底波涛方悟种德如种树；
存书千卷，笔下瀚海才知做文即做人。
（金坡谢公祠）

藕入泥而不污，哲人风范；
花出水以常洁，高士精神。
（金坡谢公祠）

紫竹松风蕉花雨，
茶烟琴韵读书声。
（金坡谢公祠）

颖郡长传千代盛，
川流不息万年昌。
（心亭陈公祠）

颖川世泽，
太丘家声。
（心亭陈公祠）

义门家声远，
颖川世泽长。
（心亭陈公祠）

国宝家声远，
乡贤世泽长。
（心亭陈公祠）

乡贤世泽，
国宝家声。
（心亭陈公祠）

南州世泽，
东海家声。

东海家声远，
南州世泽长。

东水源流远，
海波世泽长。

种数竿竹能却俗，
读半卷书右养心。

蓄德永千年，积厚流光，甲第更新恢祖德；
书声绳万卷，莪英腾茂，文明重启振家风。
（以上五联为徐姓协一书舍联）

谢氏家族的感恩文化

一

　　谢氏在金林村是个大姓。感恩文化是谢氏家族的一大特色。2010 年，笔者有幸与家兄谢国德等人参加华东五市游，有机会重访南京乌衣巷。秦淮河，素以六朝遗迹为胜，而乌衣巷的"王谢古屋"，则荟萃六朝风情于一隅。抚今追昔，不禁触景生情，神游千载，于是信笔写下这篇小文，以求教于方家。

　　谢姓，全国人口达 1 000 余万，在百家姓中居第 23 位（2018 年百家姓排名）。《德庆县志·人口·姓氏》（1979—2000 年版）载："德庆县有史可查，最早出现的姓氏是谢姓和李姓。1974 年城郊大辽山东汉墓出土的两件铜器分别刻有'谢若'和'李文山'字样。谢、李二姓，在德庆的繁衍史已近 2 000 年。南朝时俚人岑班入金林山获一宝珠，事见《南越志》。"

　　另据《德庆县志·姓氏统计》载："2000 年年底，全县总人口为 34.84 万人，共有 217 个姓氏，其中万人以上的有 9 个。陈：40 088 人；梁：37 378 人；何：26 232 人；李：25 261 人；徐：15 485 人；陆：11 882 人；冯：11 859；谢：11 681 人；刘：11 153 人。"

　　《百家姓》载："谢姓，系承申伯，源出洛邑"，是一个"飞黄腾达于 1 500多年以前的姓氏"。"他们是炎帝的嫡系姜姓后裔，早在 2 000 多年以前即已得姓"。关于谢姓的姓源，《元和姓纂》上是这样说的："姜姓，炎帝之后，申伯以周室王舅受封于谢，今汝南谢城是也，后失爵，以国为氏焉。"意思是周宣王的王后姓姜，是一位以贤德著称的王后，申伯就是姜后的兄弟，以国舅的身份被封于谢。后来，这一家人在失去爵位之后，子孙也按照当时的习惯，以国为氏而统统姓了谢。跟他们的古老历史一样，谢姓人士也成名得很早。在汉代就有许多谢姓名士见诸史册。譬如，极力推荐班固的才华，并把这位后来以《汉书》永垂不朽的文豪形容为"社稷之蓍龟，大汉之栋纂"，深具慧眼的谢夷吾，就是汉代的钜鹿太守。到了晋室南迁之后，淝水一战，谢氏的光芒大盛，在江左极负盛名，跟王氏同时成为门第最高的世族。

二

　　谢氏家族的感恩文化，是其祖先在中华文明大地上数千年来繁衍生息过程中，创造、积淀、传承下来的历史记忆、信息、理念、价值或意义。

　　2016年11月5日，广东南雄珠玑巷谢氏国际文化节上，来自世界各地2 000多位谢氏族人，齐聚一堂，追宗溯源，纪念先祖，不忘先辈恩德。与会者齐诵《谢氏家训》，高唱《谢氏宗亲会歌》，传承和发扬谢氏一族敦亲睦族、团结协作和积极进取的文化精神。

　　　　孝父母　　友兄弟
　　　　敬长上　　和邻里
　　　　安本业　　明学术
　　　　尚勤俭　　明趋向
　　　　慎婚嫁　　勤祭扫
　　　　慎交友　　重忍耐
　　　　戒溺爱

　　这篇仅有39字的《谢氏家训》，体现了感恩、谦恭、中和①文化三位一体的核心理念。

　　"谢"字，字典里的首个注释是：对别人的帮助或赠予表示感激。故"谢"字从字义上讲，很重要的一个意义就是"感谢"。何谓感谢？感谢就是谢恩。感谢天地苍生，感谢万事万物对你的付出，感谢他人对你的恩情等。道一声"多谢"，说一句"感谢"，表示一下"谢意"，就是表明我们在感恩，我们在回报，我们在报答。这种感恩与报答，不但要通过我们的"语言"，还要通过我们的"身体"，更要通过我们的"寸心"。这就是"言""身""寸"三位一体构成这个"谢"字的奥妙真谛："语言"上的一声"谢谢"，"身体"上的躬身礼行，和"寸心"中"滴水之恩当涌泉相报"的诚挚。古诗云："谁言寸草心，报得三春晖。"也是此意。这难道不是在表现我们谢氏族人的感恩之情吗？感恩，合天

---

　　① 何谓"中和"？《中庸》说："喜怒哀乐之未发谓之中，发而皆中节谓之和。""中节"就是符合道德节制。儒家认为喜怒哀乐是人的本性，但表现出来必须遵循一定的节度和原则。"中和"是天下的根本。

道，顺人意，感天地，泣鬼神，促人和。感恩将永远是我们谢氏族人世代传承的为人处世、待人接物的谢氏精神！

感恩是一种文化，也是一种理念，更是一种精神。在现实生活中，如何发扬光大这种感恩文化呢？族人觉得，从内容的层面上，应该从以下三方面着手：一是要对天地万物感恩；二是要对苍生万众感恩；三是要对列宗列祖感恩。

三

2010 年 2 月 14 日，金林谢氏族人在重修竣工的盛大谢公祠里，举办了一个隆重的庆典仪式。其间，为了认祖归宗，传承感恩文化；也为了教育后代，发扬宝树家风，族人一致决定，每年在盛大谢公祠里，同怀祖德，共食三餐饭。其一为"缅怀饭"（席设清明时节，以缅怀祖德）；其二为"敬老饭"（席设重阳佳节，尊老敬老，传承孝心）；其三为"传承饭"（席设盛大谢公祠重修竣工日，教育后人了解祖德宗功，传承家族文化）。

在母亲节、父亲节这些时尚的新节日里，长辈们也不失时机地对族人后辈进行感恩教育。通过言传身教，使后人明白，母爱是伟大的，我们不要小看了母亲口中的一字一句和她手中的一针一线。这针针线线传递的人类文明就是对婴儿初到人间时最基本的文化传递。慈母情怀能让我们更深地理解母亲的口中曲和手中线的真正含义。她们把这种智慧、风貌和美德，化成特殊的母爱，为了孩子的成长不惜花费全部精力……这便是母爱，便是人类拥有的一种得天独厚的慈母情怀！

俗语说，平凡父亲简单爱。父爱是一座山，高大威严；父爱是一汪水，深藏不露；父爱更是一双手，抚摸着我们走过春夏秋冬……父爱无声，悄悄播撒在儿女平凡的生活中。有人这样说："父亲是第一个抱你的男人；是第一个听你哭，看你笑的男人；是第一个值得你信赖和依靠的男人；是一个敢于教训你并陪伴你到最后的男人。"

百善孝为先。我们每个人都是父母所生，父母所养。"孝"字源于甲骨文，距今已有 4 000 多年的历史。金文"孝"字的构成，上面是一"老"字，下面是一"子"字。"老"护佑"子"，"子"支撑"老"，这就是"孝"的原意。"孝"的字形组合，完全体现出"父慈子孝"的造字本意。对于父母的养育之恩，我们终生都要报答。一个连父母都不孝不顺的人，是不会懂得尊重别人的。而他自然也不会得到别人的尊重。

怀集县梁承启先生的《劝诫联》说得好：

责常作债：生儿女、育儿女，血汗三千，凭茹苦含辛四字焉能概状，看儿女终于立业成家，自此还清儿女债；

心要铭恩：耗爹娘、劳爹娘，春秋数十，执参天拜地一仪至合公言，待爹娘若未倾尊尽孝，何曾报得爹娘恩。

让我们在感恩中不断提高自己的道德修养和社会责任感，做一个新时代的"彬彬君子"吧。

笔者忝列谢氏后代，真是荣幸之至。但并非说本人已做到了先祖遗训，只不过是深感自己责任重大，愿与读者共勉，为构建和谐社会献出一份微力。

广东谢氏代表在泰国皇家海军礼堂门前合影

【相关链接】

谢氏宗亲会歌

烈山高，姬水长。神农轩辕，我祖炎黄。

申伯授封，根植南阳。泱泱谢氏，源远流长。

子孙遍布，五洲六洋。懿德仁勋，万古流芳。

宝树庭，乌衣巷。陈留会稽，宗族兴旺。

文臣辅国，武帅安邦。泱泱谢氏，滂沛十方。

爱我华夏，爱我家乡。宗亲联谊，共创辉煌。

【歌词解读】

"烈山高，姬水长。"烈山位于湖北省随州市北郊厉山镇龙山南麓，是华夏的始祖炎帝神农氏的诞生地。而"姬水长"的姬水，指传说中轩辕黄帝的成长地（黄帝以姬水成）。姬水具体所在，史无明载。

"神农轩辕，我祖炎黄。"神农和轩辕都是上古部落。轩辕部落首领是黄帝，而神农部落首领是炎帝。传说炎帝部落后来和黄帝部落结盟，共同击败了蚩尤。统一了华夏部落，华人自称为炎黄子孙，将炎帝与黄帝共同奉为中华民族人文初祖，成为中华民族团结、奋斗的精神象征。

"申伯授封，根植南阳。"申伯（西周厉王至宣王时期人），姜姓，西申国公子诚，周宣王之妻舅，南申国（今河南省南阳市）开国君主。申伯公平定了四方的侵略和骚乱。周宣王筑城于南阳谢国之地。周宣王将公子诚封为"申伯"，建立南申国，新都为谢邑（今河南省南阳市）。申伯的子孙按照当时"以封邑为姓"的习惯，以新都之谢邑名为谢氏。因此，谢氏发源地在南阳。

"泱泱谢氏，源远流长。"泱泱谢氏，指谢氏人口众多。据不完全统计，目前谢氏人口已破千万。源远流长指的是谢氏历史悠久，谢氏子孙根深蒂固，枝繁叶茂。

"子孙遍布，五洲六洋。"子孙遍布是说谢氏子孙繁荣之状。五洲六洋，五洲，指亚洲、欧洲、北美洲、南美洲和非洲。"六洋"，与世界地理"五大洲四大洋"之说不符。但有可能是词作者认为，中国明清时期曾有"六洋"之说；有人认为"四洋"的"四"与"死"谐音，义衰难唱；而"六洋"与"留洋"谐音，则义好易颂，故有意将"四大洋"写作"六大洋"，泛指谢氏家族枝繁叶茂，子孙遍布世界各地。

"懿德仁勋，万古流芳。"懿，美好、高尚；懿德，良好的品德。仁，仁爱，施仁政，惠万民。勋，建功立业。句意指，谢氏族人继承着中华传统美德，建功立业，千古流传。

笔者与谢国德家兄在乌衣巷门前合影

"宝树庭，乌衣巷。陈留会稽，宗族兴旺。"这里不是单指个别堂号，而是指谢氏家族的历史丰碑和亮点。宝树一词，由孝武帝亲封，是谢氏最鼎盛时期的标志。乌衣巷在南京，是晋代王谢两豪门大族的宅第。两族子弟都喜欢穿乌衣，以显身份尊贵，故得名。陈留在河南开封、太康一带。会稽指浙江绍兴一带，都是谢家聚集的地方。那时的谢氏家族兴旺，鼎盛期近300年之久。

"文臣辅国，武帅安邦。"文能辅国，武能保家。古有谢安、谢朓、谢深甫、谢迁等一代名相；有谢道韫、谢灵运、谢枋得等一代著名大诗人；又有谢尚、谢奕、谢石、谢玄等一代名将。现代有谢觉哉、谢旭人、谢非等政界精英；有谢晋、谢添等著名导演；有著名作家谢婉莹（冰心）；有谢晋元等一批抗战英雄；还有谢富治、谢有法、谢光、谢德财等一群军届精英，为了国家的繁荣富强而贡献力量。

"爱我华夏，爱我家乡。"是说，无论你在哪里，都不要忘记热爱我们的国家，要时刻铭记我们的家乡，我们的祖籍，我们的根源所在。

"宗亲联谊，共创辉煌。"是说，无论在哪里我们谢氏家族都是一家人，谢氏家族的宗亲们应该增强凝聚力，更加团结互助，传承和弘扬良好的谢氏家风，共创谢氏家族更加光辉灿烂的明天。

【浅评】

谢氏宗亲会歌，将谢姓远祖渊源、得姓由来及祖源地等情况，通过"神农轩辕，我祖炎黄。申伯授封，根植南阳"数句，骄傲地唱出了我们是正宗的中华儿女。通过"子孙遍布，五洲六洋。泱泱谢氏，滂沛十方"，述说了谢氏是泱泱大族，以及宗亲遍布全球各地的豪情。"宝树庭，乌衣巷。陈留会稽，宗族兴旺"，这里并不是指哪个堂号或哪一支族人，而是将谢氏的历史丰碑和亮点，将历史上延续近三百年的谢氏旺族时代展现出来。我们谢氏经国家、纬社稷、治朝纲、励善政、亦文亦武、忠孝节义、诗礼传世的将相公侯、名家名流、忠烈豪杰、文人学士灿若繁星，数不胜数。歌词难以一一表述，便通过"文臣辅国，武帅安邦。懿德仁勋，万古流芳"数语概述，歌颂了先祖的丰功伟绩。歌词以"爱我华夏，爱我家乡。宗亲联谊，共创辉煌"寥寥数语作结，慷慨激昂地表达了我们谢氏族人爱国、爱族、爱家的深厚情怀，表达了我们谢氏族人敦亲睦族，勇于拼搏，共创佳绩的美好愿望和决心。

谢氏的家风与家训

一

习近平主席在 2015 年春节团拜会上强调："不论时代发生多大变化，不论生活格局发生多大变化，我们都要重视家庭建设，注重家庭、注重家教、注重家风。"

谢氏家族有勤劳、勇敢、忠厚、善良的传统美德，有耕读传家、尊老爱幼、子孝孙贤的家风，有忠贞报国的优良传统。

二

历代贤臣廉吏立家规、树家风，既有春风化雨的生动故事，又有辑之成册的传世家训。古云："积善之家，必有余庆；积不善之家，必有余殃。"谢氏家族的传统文化就是谢氏的家风。

诗书传家，重视教育。这是谢氏家族传统文化的一大特点。千百年来，谢氏人文荟萃，累世簪缨，为相为将，震烁古今，都与重视教育有关。

谢氏的前辈，在教育后人时，指出读书学习可以医愚。毛主席说过："没有文化的军队是愚蠢的军队。"我们也可以这样说："没有文化的家庭是愚蠢的家庭。"愚蠢就意味着愚昧无知、混混沌沌，倘若如此，何来人才辈出？中国古语说："书犹药也，善读者可以医愚。"又说："好学则智。"只有知识的良药才能疗救愚昧无知的心灵，在充满文化阳光的家庭中，才能走出奋发有为、气宇轩昂的人才。

谢氏的前辈还教育后人说："读书可以医俗。"明代的钱琦在《钱公良测语》中说："独有书可以医脑中俗气。"读书能把千万个沉没在低级、庸俗、浑噩中的迷茫者拯救出来，让他们变得文明、儒雅、有理想、有作为。

北宋时期的谢良佐，也制定出了另一版本的《谢氏家训》，谢氏家族便以恪守家训、家规成为谢氏的家风，来教育后人。

《百家讲坛》上钱文忠教授说，"谢氏的家训是非常有名的。谢良佐他有一个家训，其中很多话非常经典。'脱去凡近，以游高明'，不要跟那些庸俗的人在一起，要和那些高明的人交朋友。'不求同俗，而求同理'，不要他们这么干，你也这么干，不能他们乱闯红灯，你也要闯红灯。要求'同理'，就是说按照道理去干，别因为大家都干，你也干。'不求人知，但求天知，不求同俗，而求同理'。我认为这两句话，是足以和范仲淹的'先天下之忧而忧，后天下之乐而乐'相媲美的，这就是谢氏家训。"

三

谢氏家训（原文）

脱去凡近，以游高明。

莫为婴儿之态，而在大人之气。

莫为一生之谋，而有天下之志。

莫为终身之计，而有后世之虑。

不求人知，但求天知，不求同俗，而求同理。

谢姓的芝苑书舍局部（江军辉摄）

【译文】

脱离凡俗那些人，去结交有识之士。

不要做小儿女的姿态，要追求成大器。

不单单为了自己的一生而谋划，要有为天下人谋福祉的志向。

不为此生而蝇营狗苟①，要考虑身后的清名。

做好事不求人们知晓，要心存敬畏（敬天），不盲目追求一致，要追求真理。

【编后语】

寻根追远，正本清源扬古训；

认祖归宗，敦宗睦族振家声。

习近平主席在纪律检查委员会第六次会议上说："家风一破，污秽尽来。"强调要把家风建设摆上重要位置。

如今将《谢氏家训》整理出来，目的是希望后人能由表及里领略中华民族的传统美德，提高自己的道德修养和社会责任感，争取做一个新时代的"彬彬君子"。相信，这不至于买椟还珠吧。

附：谢良佐生平

谢良佐（1050—1103），北宋官员、学者，字显道，蔡州上蔡（河南上蔡）人，人称上蔡先生或谢上蔡。从程颢、程颐学，与游酢、吕大临、杨时号称程门四先生。神宗元丰八年（1085）进士，知应城县，徽宗时监管西京竹木场，他认为宋徽宗的年号"建中"与唐德宗的年号相同，很是"不佳"，还说皇帝"不免播迁"，因此得罪了徽宗皇帝，被关进监狱，废为平民。谢良佐创立了上蔡学派，是心学的奠基人、湖湘学派的鼻祖，在程朱理学的发展史上起到承前启后的作用。

---

① 蝇营狗苟，也说狗苟蝇营。像苍蝇那样到处乱飞，像狗那样摇尾乞怜、苟且偷生。比喻为追求名利，到处钻营。唐·韩愈《送穷文》："蝇营狗苟，驱去复还。"蝇营：苍蝇飞来飞去的样子。苟：敬且。

谢氏千字文

天地四方，炎黄古长。会朝争盟，剑拔弩张。上古申伯，谢氏流芳。扶周中兴，敕封佐王。会稽夷吾，巨鹿名扬。才兼四科，行包九德。坤向良山，形十里庄。会稽衡公，以文素强。士族南迁，始宁基张。鲲公名士，玄学谢王。贵胄浮华，风流为裳。四友八达，晋有豫章。南阳谢国，兴我太康。袁公尚书，贤者担当。尚公陈郡，舞乐四方。安公太傅，淝水威扬。东山再起，坐镇建康。淝水定国，气势震庞。鹿陵郡守，朝野共刚。保国护民，青史名张。北府兵奇，玄志隐芳。希逸善赋，南朝巧彰。魏晋风骨，隐逸高堂。王谢大家，乌衣巷长。文华传家，忠名弥彰。大小谢氏，灵运惠连。文质彬彬，灵运慧将。道韫咏絮，雅致无量。赫善画艺，六法其强。古画品录，南齐锵锵。蓝田谢庄，芝兰玉光。审时度势，胊府高堂。乌衣靖孝，宰辅宜璋。永明眺文，警句熔裁。雪月名赋，捣衣怀常。图南勇猛，乌衣军锵。南天一柱，退而守棠。精忠大义，枋得豪爽。叠山文节，蚕妇吟侁。南宋翱氏，翘楚晋江。诗文卓然，友文天祥。明有丕公，后七子郎。四溟诗话，诗礼传扬。升卿称帝，有谅为王。谢氏名女，后妃帝王。六位佳丽，尚仪婉黄。匡扶社稷，十位宰相。安公混公，晋朝名阳。晦公月出，南朝维扬。举公管箴，廉明清祥。哲公初仕，两拜为相。守正不阿，叔公尽瘁，嘉靖升公，忠辅国康。十二公爵，功勋守长。二十尚书，八卿太常。状元四志，学子荣光。肇渊为诗，博传两广。九侯八帅，将军多量。凛然正气，光耀辰芒。文华于世，谢氏徽强。东粤迁桂，古榄繁行。济世聪慧，为民多贤。泱泱华夏，多难兴邦。革命烽火，志士铿锵。民族英雄，东山古芳。晋元勇武，淞沪会战。八百壮士，捐躯四行。保家卫国，宝树后人。子长起义，红军岭上。渭华风云，英年早逝。觉哉谢非，光耀宝树。谢云大师，晚辈景仰。谢晋导演，上虞华章。电影传奇，功名远扬。远学爱国，主编党史。国之栋梁，奋进激昂。德民教授，三文化长。谢氏文化，激情热肠。谢民情深，捐像南阳。惜我谢氏，祖庭重光。婉莹冰心，玉壶星珑。财政部长，旭人担当。经贸精英，谢氏荣光。农村工作，德新立彰。财经领导，小说传扬。社科文献，寿光撰骧。津门谢氏，名裕庆堂。大师辈出，诗礼书章。小然象棋，名震北疆。魏碑艺术，云生传扬。书法谢体，风骨铿锵。画作传世，国礼名光。向英诗词，书画同芳。时代华彩，传世名章。台湾谢氏，两岸情长。东闵立志，实践大学。汉儒坦荡，世谢弛彰。长廷为政，造福一方。

保家护国，将帅其张。各地宗祠，精英谷阳。客居两广，珠江水长。隐逸为本，
渊源琼樘。中华谢氏，共聚汉江。齐心合力，信义担当。俊明从医，悬壶济苍。
捐资助困，济世明昌。贞超匆匆，劳碌心忙。全球谢氏，有波助帮。工商大学，
志华校长。体制改革，誉满国疆。银幕谢芳，华彩妍香。孝悌正直，君子和广。
克振嘉名，源远流芳。怀恩怀德，谦卑尊长。读书立业，乌衣泽香。孝敬父母，
恭敬守望。仪容风范，贵气高尚。宝树成荫，玉树倜傥。文明古国，子弟称望。
温良于世，莘莘自强。祖德守诚，世济万昌。感恩谦恭，中和礼让。逾迈修美，
耿耿朝阳。勤俭明趋，惠民安邦。永叹喟兮，宝树华光。光大谢氏，守信志强。
千载倏忽，碌碌华堂。为国尽忠，永世辉煌。

（谢向英）

注：
《中华谢氏千字文》由著名魏碑书法家谢云生以魏碑书写为长卷，已由上海
古籍出版社出版。

后序：

纵观中华民族历史，宗亲文化能充分体现民族之根源，了解家族的历史，传
承与发展民族精神，就是在了解学习中国历史。谢向英从谢氏的家谱、历史、文
化和科学的典籍，及各地的宗谱里面搜集、整理，于 2011 年创作完成《中华谢
氏千字文》，并最先在中国文联出版社出版的《向英诗选》第二部《幽兰引》里
对外发布，后经四次修订，其父谢云生在 2012 年夏天，用魏碑书体，历时一个
月写成了《中华谢氏千字文》字帖，原文计百余页，并由上海古籍出版社出版，
在全国新华书店和美术书店与读者见面，也是当代为数不多的新千字义魏碑
字帖。

金林，我们的祖居

　　按手头的《谢氏族谱》记载，我的十五世祖樊载公携儿子及其兄弟等多人，于明嘉靖年间（至今约 460 年）由广东德庆金林乡（或说珠玑巷）溯西江而上，流浪到广西平南，驻足谋生。

　　近几年我曾广泛收集材料，编写了一份《谢氏由广东西迁入桂初探》的资料，也冀对寻根问祖起抛砖引玉的作用。

　　2002 年我曾和两个族人到广州太和石湖与该地宗亲同往珠玑巷寻根问祖，由于年代久远，一切无从查考，无功而归，收获一腔疑问和遗憾。

　　2010 年清明我由河南太康祭祖回，路过潮州寻根问祖，到德庆县城专程停留，找卓伟兄详谈，了解德庆谢氏历史渊源与迁徙情况。其向我介绍了为官而定居德庆的宋代进士、殿中侍御史谢文晏及其后人事迹，提到了悦城祖墓，还有德庆众多不为外人所知之典故、艺文。最后又热情地带我们到了蕴藏着深厚、丰富文化内涵的金林参观考察。在风景优美的村子，瞻仰那具有一百多年历史的古老宗祠等，他一一向我们详细介绍金林之典章文物，先民迁徙聚落、民风、礼俗。金林一千多年的人文历史、自然风光、历代人民耕作的田园、农村经济的发展、文化教育状况与古建筑群，都给我们留下极深刻印象，遗憾的是寻根探源也没得到什么预期的满意结果。

　　现听说卓伟兄忙于筹划出大作《金林文史杂记》，我祈盼这本书面世，令我们对德庆、金林的风情、人文历史有更多的了解，能提供一些宗族历史资料，也许因此可找到我们的根。

　　金林，我们的祖居？

谢爱强

2013 年 11 月 28 日于广西南宁职业技术学院

九十八岁的谢姓举人

　　从《谢氏族谱》（家父手抄本）中的《肇庆水坑续序》"我祖云霖公厌肇城之喧哗，卜居樟村后，迁于水坑为仁里，土壤深厚，子孙世世代代长发其祥……"之记载，可知我祖早期曾旅居肇庆水坑村。族中长者，常以水坑村九十八岁的谢启祚举人勤学不辍的动人故事来教育后人。

　　谢启祚（1678—1797），字福存，号寿龄。广东省肇庆市鼎湖区水坑村人。他一生勤奋好学，皓首穷经。八十多岁了，还多次参加乡试。虽屡试不中，但他不言放弃。如此高龄，不含饴弄孙，颐养天年，却仍披挂上阵，征战科场，令旁人感慨不已。按清代惯例，以其高龄参加考试，应该由省巡抚呈报礼部，请皇上恩赐举人。但谢启祚多次推却，他说："科名有定数，我年老尚健，岂知我不能为儒生们扬眉吐气？"

　　谢启祚在九十八岁时，果然得中举人。高兴之余，谢启祚为抒发老骥伏枥的雄心壮志，特戏作《老女出嫁》诗一首：

　　行年九十八，出嫁弗胜羞。
　　照镜花生靥，持梳雪满头。
　　自知真处子，人号老风流。
　　寄语青春女，休夸早好逑。

　　有趣的是，本次与谢启祚同中科举的人中，有位年仅十五岁的番禺少年刘彬华。在鹿鸣宴上，两人同席，少年得志与大器晚成不期而遇。前来祝贺的巡抚大人见此情景，感慨良多，即席赋诗，其中有"老人南极天边见，童子春风座上来"之句。诗句风传开去，成为一时佳话。

　　次年，已届百岁高龄的谢启祚，进京会试得中，授国子监司业衔。碰巧乾隆皇帝八十大寿，行仪时，要在翰林院中挑选一个九十岁以上的老臣在寿诞中点燃寿烛。当时，翰林院中九十岁以上老臣难以找寻，只好从举人中进行挑选。结果，谢启祚被选中上京祝寿，并负责点燃寿烛。为此，谢启祚获翰林院官职赏赐。为皇帝点燃寿烛后，皇帝书联一副赏赐于他：

百岁登科古无今有；
一经裕后人瑞国华。

　　谢启祚荣归后，在家乡水坑村的祠堂前修建了"御书坊"，将乾隆皇帝所赐墨宝"福""迎恩""升平瑞应"等匾额及楹联皆置其中。谢启祚活到一百二十岁左右离世，成为我国科举史上的最高龄者。

　　"不舍昼夜，天地同流。"时光飞快地过了两百多年，转眼到了 21 世纪。2001 年春，李光辉、欧清煜、林盛彬等前辈筹备成立了"德庆县老年诗书画活动中心"，其成员以退休人员为主。当时社会上有人说："都一大把年纪了，还学什么诗书画？"其时即有人反驳："人家谢启祚九十八岁还中举，我们比他年轻得多呢！"时任诗词组副组长的姚福初先生还心怀感慨地步谢启祚《老女出嫁》诗之韵，吟了一首五律《老树新花》，以表其情：

红梅开百岁，老树不言羞。
灼灼花炫目，幽幽香满头。
经霜傲雪质，春日竞风流。
莫道园林小，诸君自好逑。

德庆、鼎湖谢姓兄弟在水坑谢氏祖祠门口合影（谢锦源提供）

大雾山人

古时常把隐士和有一技之长的高人称为"山人"。金林村北面的大雾山，就有一位自称为山人的怪杰。他名叫谈卓忠（1911—1983），不过他自称"大雾山人"，属谦称，有山野之人、山里主人的意思。

提起谈卓忠，金林村以至周边村落，男女老少无人不识。因为他人缘好，胸怀豁达豪爽，谈吐幽默风趣，性格怪异却又平易近人，人们都喜欢叫他"老卓"。他辞世已三十多年了，但他那音容笑貌，仿佛如在眼前。

老卓长期在大雾山那座三间两廊砖木结构的古屋里居住，但他的社交活动能力，在金林人的心目中却是数一数二的。他身边的朋友，有男有女，有老有少，近至身边，远至海外，连当时德、封两县著名的土匪头子杨祝弟，也名列其中，真可谓"四海之内皆朋友"。

二十世纪三四十年代，各地盗贼蜂起，闹得地方民众鸡犬不宁。金林村的乡长谢宋初和副乡长谢有年，为保一方安宁，利用善于社交的老卓，与土匪头子杨祝弟拉上关系。余庆门的谢巧南清楚地记得，有一次，杨祝弟与几个手下，拿着一大包野山茶到鸿盛什货店与谢有年聚会。席间，谢有年顺势与杨祝弟谈起金林村的治安问题。杨祝弟听后，霍地站起身来，双眉倒竖，掏出双枪往台上一拍，厉声喝道："有我老祝在，谁敢动金林一根毫毛……"

一来二往，老卓在杨祝弟的心目中树立了一个既机灵善变又值得信赖的良好形象，因而杨祝弟不时将一些贸易往来的事宜交与老卓经办。有一次，杨祝弟命老卓贩运钨矿到香港交易。收款后，老卓经不起诱惑，竟鬼使神差地信步走进了赌场，几个回合下来输得分文不剩。走投无路之际，他发现香港当时木虱横行，居民饱受木虱侵扰之苦，于是灵机一动，计上心来，靠三寸不烂之舌，游说几个英国人索取了一些滴滴涕、六六粉和樟脑之类的杀虫药，在山沟的一间泥砖屋里，将几块泥砖捣碎，弄成粉末，兑上药粉，然后用新闻纸将制成的药粉包成一个个小包，美其名曰：虱见怕，拿到街上摆起地摊来。谁知刚开档，饱受木虱之苦的市民便蜂拥抢购。老卓喜上眉梢，很快便凑够了回乡的水脚钱（路费）。老卓的人生道路跌宕起伏，历尽坎坷。他的二儿子谈其壮回忆说，父亲尽管为村民做过不少好事，比如为保护村民不受土匪伤害而交了杨祝弟这个土匪朋友，但在"文革"期间，屡遭批斗迫害，令他饱尝了人间的甜酸苦辣。

老卓在山中的百草园里，种植了多种果树和花草外，还种植了不少草药。他利用山中的资源，蒸制了樟木油、山苍子油和玉桂油，不时赠送给村民和上门造访的群众。平时，他还亲自采草药，为群众疗伤治病，深得人们的尊敬。有一次，大队的民兵营长不小心跌伤了右腿，患部红肿，疼痛难忍。经老卓半个多月的精心治疗，营长的腿伤痊愈了。但好心不得好报，在后来的批斗大会上，宅心仁厚的老卓免费给营长疗伤的善举竟被扣上了"捞取政治油水"的帽子……

老卓对人说过："极尽三千繁华，不过弹指一挥间，百年过后，不过是一捧黄沙。""智者乐水，仁者乐山。"这使老卓更坚定地选择了以山水为伴，以山水为乐的生活。

笔者记得，老卓在六十寿辰将至时，曾邀上三五知己到山中聚会。笔者不谙五音六律，却甚喜赏乐听歌，便在一旁慢品老卓"自产自销"的山茶，一边聆听他们用秦琴、二胡和那台破旧的洋琴演奏的一首首动听的广东音乐。看他们自得自乐的样子，真个是优哉游哉！

一曲"平湖秋月"奏罢，老卓拿出了一副预先写就的对联给大家欣赏：

寄迹此山中，数亩荒田，日看犁云耕雨；
忘机斯世外，三间古屋，时欣弄月吟风。

笔者与好友在大雾山人故居门前合影（中为谈卓忠次子谈其壮）（徐廷文摄）

　　细将品来，实有隐士述怀的味道。赞许间，老卓又拿出了一幅稍大的条幅，上书：

　　常如作客，何问康宁？但使囊有余钱，瓮有余酿，釜有余粮，取数叶赏心旧纸，放浪吟哦。兴要阔，皮要顽，五官灵动胜千官，过到六旬犹少。
　　定欲成仙，空生烦恼。只令耳无俗声，眼无俗物，胸无俗事，将几枝随意新花，纵横穿插。睡得迟，起得早，一日清闲似两日，算来百岁已多！

　　该联分明是清代著名画家郑板桥的六十自寿联，全联 104 字。老卓在自己花甲将至之时，抄录此联，实在用心良苦。望着这位身材高挑瘦削的"大雾山人"，我们仿佛看到了当年"难得糊涂"、放荡不羁的郑板桥大师的影子，仿佛领会了老卓自号为"大雾山人"的真谛。有感于此，后人题了一副回文联，道是：

　　大雾山中山雾大；
　　深潭水里水潭深。

大雾山远眺

摸顶师傅的"顶上功夫"

　　幽默的金林人，管剃头佬（理发师傅）叫摸顶师傅。回龙里（山边岗）的村民谈瑞华说，称剃头佬为"摸顶师傅"源于一副剃头铺的联语。

　　虽然毫末技艺，
　　却是顶上功夫。

　　联中"毫末"，指头发或理下的发末，"毫末技艺"，是说剃头（理发）并不是什么了不起的大手艺。毛发生于头顶，自然位于"顶上"。而"顶上功夫"，既点明了剃头佬特定的工作面——"顶上"，亦喻剃头佬剃头技术之高超。

　　余庆门的谢巧南老人说，二十世纪五六十年代始，谢进德（1898—1979）、谢庆昌（1927—2007）和陈赞文（1936—　）三人，因"顶上功夫"了得被村民们称为"摸顶三杰"。说他们的剃头技艺"杰"在一个剃字，凭的是一把刀的功夫。那时，农村剃头的式样简单，头发长干活不自在，大多剃个平头，甚至剃个光头。光头用剃刀剃，平头拿推剪推。顾客坐在木凳或转椅上，围上白布巾，摸顶师傅将锋利的剃刀在麂皮上荡数下后，便动手理发。一会儿，积蓄了一段日子的头发被剃落地上，顾客的脑门亦随之轻松了许多。修面、刮须，是剃头的关键工序。师傅们喜欢先用软毛刷将肥皂泡抹在胡须上（天气凉时，还会蘸上热水涂抹），然后提起手腕，刀锋划过，满脸的汗毛及胡须便轻轻柔柔地被刮个干干净净。

　　余庆门的谢伯初老人说，陈赞文的修面、谢庆昌的挖耳屎和谢进德的"跳刀"，又被人们称为"摸顶三绝"。尤其是谢进德的"跳刀"，人们说得神乎其神。其实这是一种缓解顾客颈部神经疲劳的一种按摩手法。他给顾客修完面后，将剃刀的背部横放颈上，由上而下轻轻地一拖，紧接着刀口亦随之在后颈上下起伏弹跳。人们管这叫"弹刀"或"跳刀"，靠的是手指拿捏的力度。如此这般反复数次，顾客在闭上眼睛彻底放松之下，享受着剃刀弹跳时带来的那种酥酥麻麻的快感，惬意极了。

　　此外，谢进德还会用刀背在顾客眉心处轻盈地来回刮动，直至眉心处有一小块红色印记，顾客在这松弛有度的感觉上，舒展开岁月凝结成的辙痕，消除了一身的疲劳，顿觉神清气爽，鼻通窍开，很是受用。谈瑞华老人戏说，摸顶师傅的确风光，不管你是凡夫俗子，还是帝王将相，都有理发的时候，摸顶师傅叫你勾头，谁敢抬头？叫你偏左，你绝不敢移右。在他们手下，你再厉害也得乖乖就范。于是，"操世上头等大事，理人间万缕千丝"的剃头佬是"九佬十八匠"①无一能比的。

---

① "九佬"指的阉猪、杀猪、骟牛、打墙、打榨、剃头、补锅、修脚、吹鼓这九个行当。"十八匠"包括：金匠、银匠、铜匠、铁匠、锡匠、木匠（又分长木匠，即建房的；方木匠，即打家具的；圆木匠，即做围桶、脚盆的，也称为箍匠；还有锯匠即锯木板的，也称界匠）、雕匠、画匠、弹匠、篾匠、瓦匠、垒匠、鼓匠、椅匠、伞匠、漆匠、皮匠。此外还有织布匠、绒匠、染布匠、弹花匠、铸造匠、磨剪铲刀匠、窑匠等，已不止"十八匠"，"十八匠"只是一个总的泛指。

朱君达与抱图阁佳话

"雾山爽气舒怀抱,搭岭风光映画图",这是朱君达老师撰写的对联。1935—1945 年任肇庆中学体育科主任,抗战时期随肇庆中学迁到金林任教。朱老师品德高尚,知识渊博,教学认真,平易近人,深受广大师生和村民的敬仰。1945 年随肇庆中学迁离金林时,为表达他与金林村民 6 年间结下的深情厚谊,特地撰写了这副联语送予乡长作为留念。该联以"雾山"和"搭岭"两座当地名山首嵌,自然贴切,对仗工整,情景融合,格调清新高雅,实为不可多得的佳作。

朱君达先生(谈东提供)

朱君达老师生于广东增城朱村,1923 年毕业于广东省高等师范学校(即中山大学前身)。1923—1935 年历任广州市真光女子中学体育教师和广州市女子师范学校、广东省高级职业学校体育科主任。

1935—1945 年任肇庆中学体育科主任,抗战期间随肇庆中学迁到金林任教。

1945—1966 年任广州市高等职业学校体育科主任,该校在中华人民共和国成立后曾改名为"广州市糖酒工业学校",现名"广东轻工职业技术学院"。

1951—1952 年兼任中国女子网球队教练。

1953—1959 年兼任"中国网球"国家裁判、国际裁判,"中国排球"国家裁判、国际裁判。

1995 年 4 月 7 日朱君达老师逝世于广州,享年 96 岁。

(景点解说词)

金林村那个"孩子王"

金林村有这么一个"孩子王",她自己没有孩子,却为别人的孩子操尽了心。

她,1920年生,1942年从德庆县城嫁到金林村。次年丈夫病亡,一直孀居。1956年农村合作化,上级要求有条件的村成立幼儿园,以解放农村劳动力。她毅然将自己的房屋腾出来,办起了金林村幼儿园。半个多世纪来,她把对村里孩子的关爱融入自己的血液,默默坚持,辛苦耕耘。

为了村里的孩子不必终日在田间嬉戏,她放弃了到镇敬老院安度晚年。她说,她离不开村里的孩子,离不开她的幼儿园。

她就是广东德庆县金林村幼儿园园长、共产党员陆耀球(1920—2014),人们都亲切地叫她陆阿姨。

与小生命结下不解之缘

中华人民共和国成立后,寡居的陆耀球膝下无嗣,平常守着半亩地,余下时间都到夜校学习。村里没有接生员,她毛遂自荐,到县里接受培训,从此附近几个村的接生工作都由她一手包揽了。

有一年除夕,陆阿姨正在家里忙着包粽子、杀鸡过年,邻村的孔昭泉气喘吁吁地赶过来说,他老婆要生孩子了。陆阿姨二话没说,放下手头的事,带上接生工具,跟着他在山路上奔波半个小时。到家后一检查,发现产妇子宫破裂,必须立刻送去县城里的医院,可没车怎么把人从山沟里送出去?陆阿姨想起回村过年的谢寿容在卫生学校读书,便跑回去找她。谢寿容打电话,托关系,终于叫来一辆救护车。

到了医院,医生诊断要剖宫产,可没做过,必须送到肇庆市医院。但是由德庆坐船到肇庆要好几个小时,人送到估计命也没了。这时,陆阿姨站出来说:"把人送过去肯定不行,你们就帮帮忙,试一试吧!"拗不过她的坚持,医生只好硬着头皮做起手术。那是德庆县有史以来的第一例剖宫产。

就这样,从未生育过的陆阿姨,却帮助无数人实现了做母亲的愿望,也与她亲手迎接的小生命结下了不解之缘。

50 多年扎根山区育幼苗

1956 年，农村合作化掀起高潮，大人下田劳动，小孩没人照顾，陆阿姨作为村里的党员，响应上级号召，主动挑起照看孩子的重担，办起了当时镇上唯一的幼儿园。没有场地，她腾出自家房子；没有教具，她自制小黑板；有的孩子不识路，她亲自挨家挨户，日出背来，日落送去。

就这样，她每天领 8 个工分，既当老师，又当保姆，含辛茹苦地把孩子们带大。上了年纪的人们都记得，以前每到秋收时节，田间小径上总会听到孩子们的欢声笑语，那是陆阿姨带领他们在做课外作业——拾稻穗，让他们知道要爱惜粮食；春夏之交，她又会领着孩子翻墙角找蚯蚓，制成鱼饵，到河边安静垂钓，培养耐性。

半个多世纪过去了，孩子们换了一批又一批，幼儿园也搬了 4 次家，只有陆阿姨依旧安心地做着"孩子王"，培养着接班人。伦美兰 20 世纪 70 年代中专毕业后回到金林幼儿园教书，见过城里的花花世界，她有点忍受不了乡村生活的平淡，孩子的哭闹变成了生活的噪音。陆阿姨耐心地告诉她，要把哭声作歌声，才能做好幼儿园工作。现在，伦美兰已经在金林幼儿园当了 30 多年老师。她说："陆阿姨是我的榜样，我也要在这一直做下去。"

金林村的幼儿园（江军辉摄）

陆阿姨的心血没白费，多年来，从金林幼儿园走出去服务社会的学生累计有3 000多人。县里的教师常常夸奖说，金林村来的学生基础好，上得去。短短几十年，金林村出了百多位大学生，其中，有的还取得了博士、硕士学位，金林村成了当地的"文化之乡"。1960年以来，金林村幼儿园获国家、省、市级先进集体奖共22次。

把村民孩子当成自己的骨肉

虽然陆阿姨一直独身，但早年别人给她介绍城里对象，她都婉言谢绝。在她心里，幼儿园就是她的家，多年朝夕相处，陆阿姨把幼儿园的孩子当成了自己的孩子。

村民谢五庆两口子平日生活困难，有孩子后更是难上加难。陆阿姨办起幼儿园后，让夫妇俩把刚出生的孩子送来，他们心里的一块大石才算落地。那一年，孩子银莲患了麻疹，留在家里养病。连续几天，陆阿姨左等右盼，看不到孩子上学，心里焦急。她冒着霏霏细雨，上门看望，发现孩子高烧不退，额头渗出豆大的汗珠。一问，孩子已经发烧几天了！当时谢五庆在外地，家里又没钱，陆阿姨当机立断："不能再拖了！"她马上跑去向别人借了30元钱，回头背上银莲，赶到县城医院。孩子转危为安，陆阿姨笑了。几十年过去了，银莲到了县城工作，每次回家，父母都会问她："你去探望陆阿姨了吗？"

随着年岁渐长，陆阿姨的晚年让人挂心。1984年，主管镇上民政工作的叶锦泉了解到情况，对她说："你什么时候来敬老院，我什么时候派车来接你。"但陆阿姨说："只要还能工作，我就要坚持到底。"当时，陆阿姨虽然一个月只有400元收入，但依旧怡然自得。她说："都一把年纪了，有吃有穿就好，只要能多做几天自己喜欢的工作，能看到村民的子女健康成长，我就开心。"

陆阿姨生前是村里最老的党员，尽管腿脚不便，可只要支部开会她还是积极参加。一路走来，她获得过种种荣誉：1979年，她被评为"全国三八红旗手"；1980年，她以优秀党员的身份出席省妇代会；1983年，她被评为"全国少年儿童教育先进工作者"，荣获"园丁荣誉纪念章"。面对荣誉，陆阿姨说："我只是做了一个共产党员应该做的事情。"

2014年8月，金林村的"孩子王"病逝了。她在对自己呕心沥血工作过的幼儿园和那一批又一批曾经抚育过的"孩子"的恋恋不舍中撒手而去了！

陆阿姨的人生是不幸的，但她却感到生活在幸福之中。因为人的不幸有千万种，而幸福的人只有一种：心境禅定，爱心无染。

别了，可亲、可爱、可敬的"孩子王"——陆阿姨，金林的村民永远怀念您！

陆阿姨和她的孩子们（金林幼儿园提供）

谈寿昌的应对与文字游戏

　　1990 年，《南方日报》《羊城晚报》《西江日报》等报纸，均报道了广东省德庆县金林村农民秀才谈寿昌（1916—1993）于美国西雅图国际征联大赛中荣获一等奖的新闻。

　　是年，美国西雅图台中校友会举办了一次中秋征联大赛，其中有一出句征上联：

　　　　湘江水，湘江流，流注湘江汇潇湘。

　　全句均用从"氵"的字，内含潇、湘两江名。

　　潇，指湖南省境内的潇水河，是湘江上最大的支流；湘，指湘江，是横贯湖南省境内最大的河流。这两条河属长江流域洞庭湖水系。"潇湘"一词，最早见于《山海经·中山经》："澧沅之风交潇湘之浦。"潇湘有三解：一是单指湘江，古称湘水，"潇"有形容水深而清的意思。郦道元《水经注·湘水》中有"神游洞庭之渊，出入潇之浦。潇湘者，水清深也"之句。所以古人把潇湘作为湘江的别称。二是潇水和湘水的合称。范仲淹《岳阳楼记》有"北通巫峡，南极潇湘"之句。因潇、湘二水均在湖南省境内，故也泛指湖南地区。三是古镇名，五代时置，在今湖南永州市西北，因为当时潇湘二水合流处而得名，亦称潇湘关或湘关口。

　　谈寿昌对出的上联是：

　　　　渭河波，渭河涌，涌激渭河冲泾渭；

　　对句亦全是水字旁的字，内含泾渭两江名，颇为工整。

　　渭河，古称渭水，是黄河的最大支流，发源于甘肃省定西市渭源县鸟鼠山。泾水是渭河的支流，发源于宁夏。泾渭二水在西安市高陵县船张村相汇。

　　泾渭，本指泾水和渭水。又因古人谓泾浊渭清（实为泾清渭浊），故常用"泾渭"喻人品的优劣清浊，事物的真伪是非。泾河水清，渭河水浑，泾河的水流入渭河时，清浊不混，故说"泾渭分明"，比喻界限清楚或是非分明。

谈寿昌的应对，"渭河"对"湘江"，"波"对"水"，"渭河涌"对"湘江流"，"涌激"对"流注"，"冲"对"汇"，"泾渭"对"潇湘"。对句工整贴切，天衣无缝，获评一等奖自在情理之中。

事后有人评说，出句"湘江水，湘江流，流注湘江汇潇湘"及谈寿昌"渭河波，渭河涌，涌激渭河冲泾渭"之对句均属"文字游戏"，绝非佳句。"湘江水""流注湘江"纯属废话。"长江之水天际流"是好句，"长江之水长江流"就只能是小儿牙牙学语了。对句的"渭河波""冲泾渭"也不通，"冲渭（河）"则可，岂能"冲泾（河）"？笔者以为，此说不无道理，但"文字游戏"是以文字为载体进行的游戏，比如：成语接龙、猜字谜、酒令等。在浩瀚的"对联族"中，有一种属于文字游戏的联语，叫"无情对"。此联不仅顾不上逻辑，上下联还会风马牛不相及，而且两边对的内容隔得越远越好。但细读起来，却文字相当，十分工整、巧妙。品赏这类对联，最能使人领略文字的无穷妙趣！如，

上联：公门桃李争荣日
下联：法国荷兰比利时

上联出自《资治通鉴》："或谓狄仁杰曰：'天下桃李，悉在公门矣！'"指唐代名臣狄仁杰门生之多；下联是欧洲三个国家名，上下联意虽风马牛不相及，却字字对仗工整："法国"对"公门"，"荷"对"桃"，"兰"对"李"，"比"对"争"，"利"对"荣"，"时"对"日"。又如，

上联：三星白兰地
下联：五月黄梅天

民国初年的一个黄梅季节，汪精卫在一次宴会上为助酒兴，出联句给众人对——"五月黄梅天"。大家正思索间，传来侍者上酒的吆喝声："三星白兰地。"这时席中才思敏捷者忽然拍手称妙："这不正是一句好上联吗？"大家细品，果然是一副浑然天成的上联。"三"对"五"，"星"对"月"，"白兰"对"黄梅"，"地"对"天"。何其工整，何其美妙！真是一副天衣无缝的"无情对"。再如，

上联：细羽家禽砖后死
下联：粗毛野兽石先生

　　纪晓岚小时候上学淘气，不爱听他的私塾先生上课，就在墙上挖一深洞，养了一只小山雀。一天他悄悄地去喂鸟，让老师石先生看见了，先生就在墙上写一上联：细羽家禽砖后死。当纪晓岚再去喂鸟时，发现鸟已经死了，心中疑惑时看见墙上的对联，断定是石先生所为，于是续写了下联：粗毛野兽石先生。

　　石先生见后大为恼火，认为纪晓岚辱骂先生，便要执鞭责问。只见纪晓岚从容不迫地解释道：我是按先生的上联套写的，有"细"就有"粗"，有"羽"就有"毛"，有"家"就有"野"，有"禽"就有"兽"，有"砖"就有"石"，有"后"就有"先"，有"死"就有"生"，所以就写了：粗毛野兽石先生，如果不这样写，请先生改写吧。先生想了半天也没有想出好的下联，只好扔下教鞭，拂袖而去。

　　话又说回来，谈寿昌应对的出句既属"文字游戏"，他能不以"文字游戏"相对吗？谈寿昌之应对，可能不是最佳之作，但他鳌头独占，足以证明媒体称他为"农民秀才"一点也不为过。再者，笔者怀疑，若无谈寿昌之应对，出句者是否会成为"现代版"的石先生呢！

一街两名话楼屋

金林村的街道巷名，五花八门，颇具特色。以方位、区域，结合传统文化命名的有：太里门、长寿门、余庆门、积善门、中心巷、上林门、河头、上圳和下圳；以成街先后顺序命名的有：旧寨、新寨和新屋垌；以地形地貌命名的有：回龙里（山边岗）、山塘垌、岭头、马埌和大石板；还有以姓氏命名的孔家巷和梁屋巷等。

其中，最具特色和最有文化底蕴的，算是一街两名的楼屋（鸡谈里）了。

金林村东面，紧靠旧寨的一带区域，人们大抵只知道它的街名叫楼屋，而它那个带有传奇色彩的名字——鸡谈里，却鲜为人知。

《宋史·兵志十一》曰："周庇楼屋，沃以泥浆，火箭火炮不能侵，炮石虽百钧无所施矣。"鲁迅在《三闲集·在钟楼上》，亦写道："我在用花岗石墙包围着的楼屋里听到这小小的故事。"由此可见，楼屋是指高大坚固的楼房。

金林的楼屋，街道不宽，仅得3米左右。用河卵石铺就的清溪古道，两旁是连片的、高大的、三间两廊一天井的大堂屋。街道中段错落有致地点缀着几座造型奇特的镬耳屋。街道西北处，还有一幢以"天地同流"命名，被誉为"一户住三大洲"的中西合璧的三层砖木结构楼房。如此气势恢宏的建筑群，人们便自然地称之为楼屋了。

说到楼屋的另一个美名——鸡谈里，谢君礼老师给我们讲述了这样的一个故事。

清康熙年间，谢清轩玩物丧志，致家道中落，后受人点拨、改邪归正，发奋读书，勤耕苦种，还潜心向一个远房亲戚学习做贩牛生意，使家业逐渐兴旺起来。清轩知道，"创业难，守业更难"。他决心从严教育子女，以图"忠孝仁和承祖训，诗书礼乐构家风"。孩子们也很争气，六个儿子中三人中了秀才。他家成为远近闻名的富贵双全的大户人家。富裕了的清轩，为了扩大家业，择地为儿子同时建造六座大堂屋。一座大堂屋刚架设好横梁时，一只漂亮的大公鸡，突然飞落到新梁上，昂首挺胸，高声啼叫。众人无不称奇，道是金鸡报喜，有大吉祥之兆。一位老学究更是喜上眉梢，笑曰："看来，楼屋要改叫'鸡谈里'了！"

原来"鸡谈"有典可查。《艺文类聚》卷九十一引《幽明录》记载说，晋代兖州刺史宋处宗，有一天从集市上买回一只长鸣鸡，其毛色、叫声与普通的鸡不一样。宋处宗爱护至极，做了一个漂亮的鸡笼放在窗下。久而久之，长鸣鸡从宋处宗的吟咏声中学会了说人话。宋处宗每天读书之暇，便同长鸣鸡对话，讨论诗文等有关问题。宋处宗此后，谈话、论辩、写诗、作赋的技巧大大提高，进而仕途畅顺，光宗耀祖，好不风光。

谢老师还说，鸡，家禽之一，雄性善啼，能报晓。谈，有"说、对话；谈天、谈心、谈论和谈话"等意思。百科释义曰："鸡谈，谓之玄妙之言。"唐·卢照邻《南阳公集·序》："爱客相寻，鸡谈满席。"唐·罗隐《题袁溪张逸人所居》一诗，即有"鸡窗夜静开书卷，鱼槛春深展钓丝"之句。"鸡窗"自始便成了"书房"之代称，但此语只在文人口中或笔下使用。

谢老师继续说，他们的祖先将"鸡谈梁上"之巧合，与上述典故联系起来，便将楼屋叫作"鸡谈里"了。自此之后，他们的祖先常以"世泽常推耕读好，家声最重德才高"一联教育后人。在祠堂里，还定了一个不成文的规矩：凡本族子孙就读于家祠私塾者，一律免收学费；凡考上高一级学校者，费用由祠堂太公田租支付；凡建新房者，务必设书房，以期子孙"鸡窗苦读振家声"。

岁月悠悠，楼屋原先的格局早已日渐淡化，徜徉在这古朴的清溪古道上，人们依旧能从幸存下来的十数座大堂屋和残存的飞檐与砖石中，感受到当年楼屋（鸡谈里）的历史和先祖别出心裁的智慧。

英才辈出"鸡谈里"

　　"书香门第，英才辈出，唯此地更显人杰地灵。"这是一个深谙地方掌故的老者，对金林村鸡谈里（楼屋）的赞美之词。

"鸡谈里"古民居里的壁画

鸡谈里的清溪古巷

嘉庆年间谢兆荔中举时的"捷报"（温爱民摄）

　　康熙年间：

　　谢朝杰（1702—1779），字襄臣，号清轩。例授国学生，秀才。艰苦创业，为后人盖了六间高大坚固的大堂屋，被村民编成"襄臣屋，池中谷"作儿歌传唱，给后人留下了"鸡谈里"的传奇故事。（事见《一街两名话楼屋》）

　　雍正年间：

　　谢燕（清轩次子），字集尧，号金坡。秀才，从九品职。平和处世，丕振家声。

　　乾隆年间：

　　谢昌言（金坡长子），字禹恭，号谦斋。授国学生，多有建树。

嘉庆年间：

谢兆荔（金坡嫡孙），字琼瑞，号澹园。身膺太学生，举人（当年中举时的"捷报"，至今尚存留在谢宋初故居堂屋屏风的横梁上。）

光绪年间：

谢志昀（澹园次子），字原畴，号昀南。笃信好学，勤俭持家，宗师连备取第一，未列黉宫，惜未见其进也，忽然其止矣。

谢培煌（昀南次子），字晰然，别字炜堂。后就例国学生，名焕庭。

谢炎华（1873—1953），字光荣，别字宋初。光绪年间，与高良大寨谢丽初为德庆清末时期的同科文秀才。他一生致力于教育工作，在金林村及周边地区开设大馆，培养了一批批德才兼备的门生。

抗战时期，谢宋初与副乡长谢有年，力促肇庆中学搬迁金林复课。为确保肇庆中学顺利开展教育教学工作，特推荐安排上林门的陈妹（？—2013）到校本部做后勤工作。自1939年肇庆中学迁来金林时起，陈妹便成了肇庆中学的一个职员。他任劳任怨，全心全意服务师生，深受人们爱戴。陈妹是一个堂堂正正的男子汉，但在肇庆中学，人人都管他叫——亚妹姐。一个看似有点别扭的昵称，却体现了陈妹与肇庆中学师生有着亲密无间的关系，从另一个角度来看，也是对陈妹数十年如一日，尽职尽责，忘我工作的肯定。

中华人民共和国成立前，谢宋初任金林乡乡长期间，关怀弱势群体，切实维护村民利益。为保护村民免受国民党拉壮丁之苦，常常冒险通知相关村民躲避，并亲自将自己的长子谢君努送至黄埔军校学习。

中华人民共和国成立前夕，谢宋初积极协助解放军绥贺支队征粮，支持次子谢君礼接受广东人民解放军绥贺支队第二团团部"德庆县大广乡总动员委员会宣慰股长"的任命（任命证书现存于谢君礼之子谢克文家中）。

谢君礼老师在为悼念父亲而作的《难忘的一夜》等文章里忆述了谢宋初鲜为人知的一些往事。

1926年，当农民运动正高涨时，他（谢宋初）作为负责宣传的主持人，和谈直臣、黄炎兴、谈惟红等人，组织起了农会。他带领村民，高举打倒土豪劣绅的旗帜，巡村行寨。当时人们都称他为"农民头"。后来，国民党反动派粗暴干涉，强行解散了农会。他在开展宣传发动工作时，被第二区区长谈××扣留了一天一夜。幸得友人张玉余帮助，偷离本村，逃往广西避难。一年后，待事态平息，才返回金林。

1949年上半年，他在睦村阁教学。当德庆徐儒华带领游击队在金林等地打游击时，他主动协助游击队的黄庚、张一德等同志筹粮，供给游击队伙食。这段时间，他还学习了《大众哲学》《政治经济学》《历史唯物辩证法》等书籍。

他善于推陈出新，弃其糟粕，取其精华。在教《论语》时，他详细讲解孔子对待学习的方法和态度，对那些鄙视劳动人民，复西周之古的学说加以批判。

在讲解《孟子》时，详论孟子"以民为贵，社稷次之，君为轻"的政治立场和对无道之君进行批判的学说，对那"劳心者治人，劳力者治于人"等则略讲。

在他开设的学堂里，既读"四书""五经"等旧书，又教学生学习诗词、作对、婚丧帖式礼仪及社交大全等。

谈新书时，他提倡读科学的书，如数学（珠算和笔算）、地理、历史、自然、三民主义等白话为主的课程。在他的精心教育下，金林村方圆百数十里内乡村的学生，不经读小学而能直接考进香山中学、肇庆中学的不下数十人，教过的学生遍布各城市。

"忍"字是谢宋初性格的一个特点。他常对人说："事不三思，终有败；人能百忍，则无忧。"他在金林村金坡谢公祠教学时，座椅的对面，用白纸写有一个七八寸大的"忍"字，粘在墙壁上。初时，人们不大了解他的意思。有一次，区公所派人来催征兵（抗日初期，他一面教书，一面担任义务乡长，没有工资领的）。那些催兵员如狼似虎，叫嚣乎东西，唐突乎南北。他不与之争执，而默然处之。结果那些催兵员一无所得，悻悻而去。后来人们发觉他每逢遇到无理取闹之事，总是隐忍不言，经过思考后，才审慎对付。

他对学生的教育要求是十分严格的，在家中，对自己的子女和晚辈，也不例外。他常常以祖先崇德尚学，艰苦拼搏的事例教育后人。

在家屋的左右角墙上，分别写有其父母所作的《家训》；右屋檐上角写着："入可横经，出可负耒，田家自乐，赋儿曹。"

书房的门窗上写有一副对联：

留心泉石友；

放眼是非人。

书房内墙还挂着一副对联：

北牖已安陶令榻；

秋山又见谢公棋。

民国前后至今：

谢君努（1914—1996），宋初长子，肇庆中学毕业，黄埔军校十四期学员（1937—1939）炮科（傅作义部下，曾任独立炮兵团副团长）。

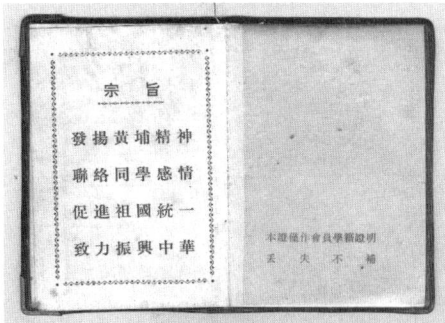

"黄埔军校同学会"证件页

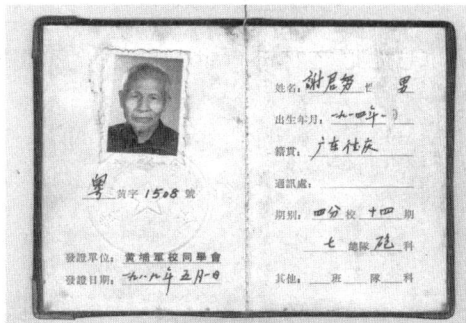

谢君努当年"黄埔军校同学会"证件

1937年	广州分校特别班第二期	谢汝材	民　政	1937年10月开学1937年10月毕业，
		徐锡松	教　育	
		谢富强	教　育	
		谢晋兴	地　政	
		栾介生	民　政	
1937年	十四期	李甲元	步　科	1937年10月开学1939年1月毕业
		何梧显	炮　科	
		谢君努	炮　科	
1938年	十五期	刘建良	工　科	1938年1月开学，1940年7月毕业
		李建安	工　科	
	三分校一期	刘建文	学员队	
1938年	十六期	谢镜仁	步　科	1938年10月开学，1940年12月毕业
		戴培成	步　科	
		卢　文	步　科	
1940年	十七期	刘冠南	步　科	1940年4月开学1942年4月毕业
		戴耀强	工　科	
		陆云龙	步　科	
		谢晋华	工　科	
		聂海勋	医　科	

129

中央陆军军官学校德庆籍历届毕业生（员）名录，谢君努在册

（图片来源：《德庆文史》第十辑第129页）

谢君礼肖像

谢君礼（1917—2001），宋初次子，1949 年 6 月 30 日，接受广东人民解放军绥贺支队第二团团部"德庆县大广乡总动员会宣慰股长"的任命（任命证书现存其子谢克文家中）。1951 年，广州大学法学院法律学系毕业，曾任德庆县人民法院院长。后期任金林附中民办教师。

广东人民解放军绥贺支队第二团团部颁发给谢君礼的任命证书

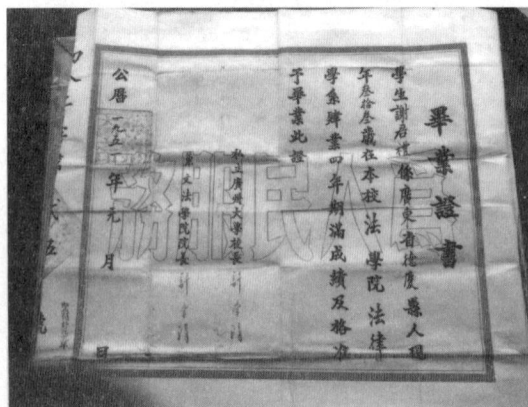

1951 年谢君礼广州大学法学院的毕业证书

　　谢君莱（1914—2004），宋初之弟鉴华子，字方伯，广州大学毕业。1950年，曾任德庆县城镇一小校长（邻居谢绍元任教导主任；谢世坤管理学校伙食）。后期任悦城罗洪小学教师。

　　谢焕初（1893—1948），鉴盘公曾孙，字日星，自幼随父到广西谋生创业，在梧州市开设怡安祥药行。事业有成后，农历1940年2月30日8时（庚辰年庚辰月庚辰日庚辰时）于鸡谈里动工兴建了一座三层的中西合璧、砖木结构、题名为"天地同流"的楼房，为后人打下了"一户住三大洲"的基础。

1951年广州大学毕业合影
（左为谢君礼，右为谢君莱）

　　谢炎禧（1921—1995），日星公长子。肇庆中学毕业后，在广西梧州市怡安祥药行供职经理。1954年获中医师职称。1958年任梧州市中药厂厂长。任职期间，与副厂长区龙祐先生等组织陈瑞华、陆洁莲、黎绍基、陈富奇、朱秀芬、黄文禧等颇有名气的中医师探讨研究，将陈铁医师门诊部采用的"急性子散"跌打处方进行调整，改革提高，研制出消肿止痛、舒筋活络、止血生肌、活血化瘀，用于挫伤筋骨、新旧瘀患、创伤止血、风湿瘀痛诸症的跌打丸剂。1960年，在梧州市卫生局廖寿龙先生的支持下，该跌打丸成功申请命名为"中华跌打丸"。唐山大地震时，中华跌打丸被国家商业部指定为抗震救灾成药之一。

　　谢炎荣（1929—2015），笔名求实，为日星公次子。1949年肇庆中学毕业后，考入南方大学，成为南方大学第一期学员。1950年9月，随李坚真团长和罗明副团长，先后进驻兴宁、揭阳、河源三个试点县，开展"土改"试点工作。是时，职务为办事员，后提升为省党委机关副科长。"土改"结束后，随"土改"

谢炎荣，2013年于澳大利亚悉尼

委员会副主任李坚真调回广州东山总部办公室。后安排到广东省农村部工作。当时的广东省农村部部长，由华南分局赵紫阳秘书长兼任。

1977年，谢炎荣从农村部调到外贸部门。先后在广东省进出口公司、广东粤海公司工作。1990年退休后，返聘为广东省进出口公司和粤海代理公司副总经理。1999年正式荣退。

退休后，谢炎荣和妻子黄莲焕随留学澳大利亚墨尔本市的女儿、女婿生活，儿子谢东洪及儿媳、孙子等定居美国加州，事业有成，演绎了"一户住三大洲"的故事。

谢煜焜（1940—   ），谢炎禧长子。在祖、父辈的熏陶下，自幼对医学产生兴趣。1960年入读广西医学院（现广西医科大学）医学系。毕业后在广西工作，先后任医师、主治医师、蒙山县人民医院院长和蒙山县卫生学校校长等职。1987年调回德庆县人民医院工作。1992年晋升为副主任医师、医务主任。1994年任德庆县中医院院长。2015年入选"全国基层名老中医"。2016年6月4日，《西江日报》以"德庆首个国家级基层名老中医传承工作室开诊"为题，报道说："为弘扬和传承名老中医的医术经验和技术专长，近日，德庆首个国家级基层名老中医谢煜焜传承工作室在该县中医院正式开诊。"

谢芝廉，谢仲馀大伯父，勤奋好学，记忆力过人。广州大学毕业后，曾出任福建省公安厅厅长。

谢芝亮，号亮记，谢仲馀之父。自幼从商两广，事业有成。

谢沛馀，芝亮长子，与两个妹妹从业于香港。

谢谦馀，芝亮次子，供职澳门日报社。

谢仲馀，芝亮三子，广州金象工业生产公司董事长兼总经理。（事见《"电焊机大王"＋"老板作家"谢仲馀》）

谢翰（1912—1999），谢仲馀堂哥，中华人民共和国成立前毕业于广州大学经济系。曾与梁嘉、任仲夷、刘田夫、林若、刘超明、陈大良、徐儒华等参与广东人民解放军绥贺支队活动（金林村庆安宫内尚留有他当年亲笔书写的宣传标语）。继徐儒华之后，曾任斌山中学第二任校长。曾在佛山专署任职（当时还享受组织配车、配警卫员待遇）。回乡后，曾协助县政府建设革命烈士纪念碑，并担任金林附中民办英语教师。夫妻二人生前还享受过国家每月600元的特殊津贴。

谢伟光，谢翰长子，1968年毕业于西安交通大学。先后于云南昆明、广东中山等地工作。曾获中华人民共和国国家科学技术委员会颁发的"现代高级工程师"证书。享受国务院特殊津贴。

谢一凡，谢翰嫡孙，伟光长子，上海同济大学毕业后，从事智能机器人科研工作。

谢丽芳、谢雪芳，谢翰长女、次女，分别毕业于中山大学、华南师范大学，就业于广州。

谢翰一家，父、子、孙、曾孙四代，皆有大学本科以上学历，成为名副其实的"书香门第"。

谢汉清（1914—1993），承前启后，造就五代世医。他的祖父谢绪昌（1856—1938），自幼随外公学医。20岁时便在金林村开设保平安药房，后与广西梧州名医陈胜，同往八步（今贺州）兴办康寿堂医馆，进而得八步鹅塘人杨欢伟医师加盟，康寿堂医馆生意越做越大。为应付人手之不足，年仅13岁的谢伯安（谢汉清父，1882—1962），便远离金林到广西八步，踏上了从医之路。谢伯安生性聪慧，不久便学会了临症诊治，而后，还与杨欢伟之女杨翠芝结为连理。为扩大家业，伯安夫妻二人在八步镇独自开了间保平安医馆。翠芝主治妇科、儿科、推拿、刮痧等诸科杂症，伯安则专攻内外科及麻疹、天花诸症。不久，他们的医馆声名大振，饮誉城乡。数年后，他们还拥有了两间日杂百货店，一间牛皮店（制作皮鞋），和一个占地40余亩的沙田柚果园。他们家成了八步镇当时颇有名气的大户人家。

"五代世医"谢汉清故居（温爱民摄）

1942年，谢汉清随母（杨翠芝）回到金林村，重开保平安药房。由于鸡谈里祖辈"鸡窗苦读终成器"的启示和教育，谢汉清自幼便刻苦攻读《黄帝内经》

《灵枢》《素问》和《神农本草》《太素》（脉理）等医书，加上父母的刻意培养，医术大有长进。他给人看病后，总要说上一句"精神"，说是将药物治疗与精神疗法相结合的一个举措。"文革"期间，他在官圩卫生院开设赤脚医生培训班，为周边农村培养了大批德艺双馨的好医生。

谢汉清对儿子谢鸿良的培养颇为严格。读小学五年级时，便要求其熟读《药性赋》和自编的《汤头歌诀》等中医入门知识，时常以祖辈"医德为先，将心比心，全心全意为病人服务"的医规，教育鸿良谨记"医者父母心，不要有损'医学世家'的声誉"。

谢鸿良（1969—　　），谢汉清独子，广东省新兴中药学校学习中西医。于肇庆市人民医院临床实习期间，深得多位知名专家教授言传身教，继而参加广州中医大学函授学习。2008年获国家级助理医师执业资格。开设金林村第二卫生站十数年来，中西相融，结合祖传良方，热心服务社群，深得方圆数十里群众赞誉。

谢俊聪（1991—　　），谢汉清嫡孙，鸿良子。性静好学，成绩突出。小学毕业以全镇总分第一名考取香山中学；香山中学毕业后又以高分入读肇庆中学；于肇庆中学高考时，更以680分高分（超越一本分数线59分）考上中山大学中山医学院临床专业。五年后毕业，又以高分成绩考取中山大学硕士研究生外科专业，师从中山大学附属第三医院泌尿科外科周祥福教授。2015年至2017年，连续三年获中山大学硕士研究生一等奖助学金。其间，获四级、六级英语证书，国

谢俊聪毕业证书

家级医师执业证书。其科研成果初见成效。第一作者学术论文两篇，发表于《中华腔镜泌尿外科杂志》（电子版）；非第一作者学术论文两篇（发表书刊同上）。多次参加学术年会；参与国家自然基金项目及广东省自然基金项目的申请撰写与实验研究；参与多篇学术论文的写作。熟悉多种分子生物学、细胞学及动物实验学技能。

…………

"鸡窗夜静开书卷，鱼槛春深展钓丝。"鸡谈里百年风雨，百年沧桑，百年树人，英才辈出。这是一笔宝贵的精神财富。它深刻地影响着新一代的价值观念、行为取向和精神面貌。愿我们在挖掘颂扬乡贤历史的同时，不忘初心，见贤思齐，发扬老一辈先贤的奋斗精神，造就出更多新时代的乡贤吧！

吉祥谐趣篇

吉祥文化在金林

我国是文明古国，在悠久的历史中，文化积淀深厚，无论是民间或是朝廷都追求"幸福吉祥"。因而，吉祥图案、吉祥物和吉祥语就几乎无处不在，无所不用。

金林村和全国一样，在古祠堂、古民居里，我们都可以看到大量有吉祥含义的传统建筑装饰。在数不清的木雕、石雕、砖雕、陶雕、灰雕、钢铁铸或壁画中，大凡飞禽走兽、奇花异木，只要形、音、义中的任何一项能显示某种喜乐、安康、祥和、吉庆含义的，都拿来为我所用。古人常用这些装饰来寓意家庭和睦幸福、人财两旺的理想，褒扬忠信孝悌、礼义廉耻的思想，以寄托敬祖启后、修身齐家、子孙昌盛的良好愿望。

这些内容丰富且形式多样的吉祥图案、吉祥物和吉祥语，拙中藏巧，朴中显美，给人们对美好生活的向往带来了不少精神上的愉悦。笔者试将一些常见常用的文化现象辑录成篇，以飨读者。

"吉祥"与"如意"

"吉祥如意"这个吉祥语，民间通常喜欢用图案或文字等形式体现。金林古民居的壁画、门头窗和座椅的靠背上，都常常可以看到。

"吉祥"与"如意"，经常合用。但两者的含义亦有分别。吉祥，按照字面的解释，就是"吉利"与"祥和"。古人云，"吉者，福善之事；祥者，嘉庆之征"。《说文》中说"吉，善也"，"祥，福也"。简单地说，吉祥就是好兆头，就是凡事顺心、如意、美满。因此，古往今来，没有人不追求吉祥。趋吉避凶，人皆有此心。而吉祥符号、吉祥物、吉祥图案就是人类创造出来的借以传达心声的道具。

如意是人尽皆知的吉祥符。它有几种不同的意义。首先如意是古代朝臣或军旅的器用。其次是随佛教自印度传入的佛具之一，为佛教六观音之一如意轮观音所持，用来满足众生祈愿和转法轮。再者，如意还指人们普遍使用的"痒痒挠"，用它来扒搔背脊之痒，如人之意，故又称为如意。

如意，较多地出现在造型工艺和传统的图案中。它还靠不同的造型组合来体现不同的寓意，常见的有：

平安如意——瓶中插如意或以如意形状为耳的纹图。

事事如意——两个柿子或狮子和如意的纹图。

吉祥如意——童子或仕女持如意骑象的纹图。

百事如意——百合花或百合根、柿子或狮子、灵芝、柏树、柿子、如意合为一体，组成一种民间托福的寓意。

福寿如意——多以蝙蝠、佛手、桃子及如意等构成吉祥图案，亦有以"寿"字代"桃"者，用"灵芝"代"如意"者，"蝠""佛"均与"福"字谐音；桃亦称寿桃，象征长寿，合为图案，寓意为"福寿如意"。清明时较为流行。将"福寿如意"四字镶嵌到婴儿佩戴的首饰上，则寓意多福多寿，遂心如意。

和合如意——盒子荷花和如意的纹图，还有与和（荷）合（盒）二仙有关的创意造型。旧时，婚嫁的礼盒或挂画有蓬头笑面的两个人的纹图。一人持荷花，一人捧圆盒，是取和（荷）合（盒）两字的谐音，寓意"和合美好"。据传，寒山、拾得圆寂后千年，完全不再是和尚模样，而是两位蓬头笑面逗人喜爱的孩童形象。自宋代开始祭祀作"和合"神。清代雍正时，复以唐代诗僧"寒山、拾得"为和合二圣。"和合"一词寓意同心和睦、合家团圆，或夫妻和睦、福禄双全。

新韶如意——花瓶、山茶花、松、梅花、柿、百合根。新韶就是新春。人们把美好的春光叫作韶光。温庭筠诗中有"韶光染色如蛾翠"，郑准诗中也有"韶光随酒著人浓"之句。人们还把春光叫作韶华，用以比喻青春年华。新韶如意，寓意着新春到来，事事如人心愿。至今，在新年的挥春里，亦偶尔会看到有"新韶如意"的写法。

（景点解说词）

"三羊"如何来开泰

"'三羊开泰'与'三阳开泰'之争,想不到居然发生在粤西山区的一个村子里……"一个游客如是说。

德庆县金林水乡旅游景区,是2003年1月28日开线迎客的。当年是农历癸未年,生肖属羊。在春节吉祥物的布置上,"三羊开泰"的装饰造型自然成了主角。谁知以"三羊"为主体的饰物刚摆放完毕,便遭到了个别人的非议和责问。他们认为,"三阳开泰"不应写成"三羊开泰",还提出了"三羊"如何来开泰的责问。

围绕"三阳开泰"还是"三羊开泰"的争论,打破了山村的宁静。面对这场有趣的争论,不少游客都参与其中。结果,"'三阳开泰'和'三羊开泰',都是一个意思,不存在对与错"的说法,得到了众人的认同。

"三阳开泰"的"三阳",主要来源于《周易》。易经说,早阳(朝阳)、正阳(午阳)、晚阳(夕阳)。朝阳启明,其台光荧;正阳中天,其台宣朗;夕阳辉照,其台腾射,均含勃勃生机之意,表达了人们祈求通达明畅的时运。还说,冬至是"一阳生"、十二月是"二阳生"、正月则是"三阳开泰"。"三阳"表示阴气渐去,阳气始生,冬去春来,万物复苏。

"开泰"的"泰",是卦相,有平安之意。"开泰"则有亨通安泰,开始平安顺利,重见光明、通畅及吉祥亨通,好运即将降临等意。

有人认为,人体的阳气升发也有类似的渐变过程,称其为人体健康的"三阳开泰",即动能升阳、善能升阳、喜能升阳。倘若人们注重了"动、善、喜"便能使"三阳"提升,达到"开泰"(健康)的目的。

明朝时期,民间传说曾把青阳、红阳、白阳分别代表过去、现在和将来。民间喜用的"三阳开泰"或"三羊开泰"都是一种吉祥语。图案大体是以三只羊(谐音"阳")在温暖的阳光下吃草来象征。

很早的时候,人们就把吉祥写作"大吉羊"。羊的形象的确逗人喜爱,两只犄角划出刚柔相济的曲线,该是瑞祥的寓意;一缕胡须衬托飘逸持重的慈面,该是晴和的写照。羊温和,生命力旺盛,是古代祭祀用的佳品。而且它牺牲、顺从的精神又与善、美挂钩,所以善和美的字形都是"羊"开头。人们喜欢用"羊"讨个吉利,"三羊开泰"的"羊"字其实是借"阳"的谐音,将"三阳开泰"

写成"三羊开泰"，表示吉祥之意，都是称颂岁首或寓意吉祥，成为岁首人们相互祝福的吉利话。

说到"三羊开泰"的出处，民间还流传着这样的故事。

汉朝末年，西域古疏勒（今喀什）住着一位叫耶律汉的牧羊人。一天晚上，耶律汉看到，有只恶狼在追赶着三只羊。在危险关头，他将恶狼赶跑了。当他回过身时，三只羊却已消失在夜色中。回家后的第二天，耶律汉家来了三位远道而来的客人。客人离开时，将一把如意锁送给了耶律汉。奇怪的事情发生了。这一年草原来了场大风暴，很多人的家都被刮倒了，成了一片废墟。耶律汉的家和家人却安然无恙。第二年，草原瘟疫盛行，很多人因此得病，甚至死亡，可是，耶律汉及家人却身体健康，一点事也没有。第三年，草原又出现了狼灾，一群群凶狠的恶狼时常出没，很多人家的牲畜都被恶狼咬死了。而耶律汉的牲畜却一只也没有受到伤害。原来，耶律汉先前搭救的三只羊，是天上的神羊。他们为了报恩，将羊角变为如意锁送给他，庇护他一家平安、健康、吉祥。耶律汉领悟后，将如意锁置于村头，使全村百姓年年平安、健康、吉祥、幸福。

从此，这个故事传遍了大江南北。人们都用"三羊开泰"这个吉祥语来表达祈求平安、健康、吉祥、幸福之意了。

"福如东海"与"寿比南山"

金林村长寿门的神龛里，立有一尊右手持杖，左手捧桃，慈眉善目，面容和蔼的寿星公像。神像两旁刻有"福如东海，寿比南山"一副联语。

明·柯丹邱《荆钗记·庆诞》："齐祝赞，愿福如东海，寿比南山。"明·洪楩《清平山堂话本·花灯轿莲女成佛记》："寿比南山，福如东海，佳期。从今后，儿孙昌盛，个个赴丹墀。"从此，"福如东海，寿比南山"这个吉祥语在民间广为流传。但它的典故出处，却鲜为人知。

20世纪90年代，笔者多次到海南省三亚市办事、旅游。其间，发现"福如东海，寿比南山"这个吉祥语，竟源自当地流传的两个古老而神奇的传说。

很久很久以前，有一年很多地方连续数月没有下雨，到处旱情严重，庄稼颗粒无收，珠崖郡的崖县（今三亚市）也不例外。饱受干渴饥饿的崖县人，天天求神拜佛，祈求天神赐降甘霖。

在崖县的鹿回头村，有个勤劳勇敢的青年叫阿富。他心地善良，待人厚道。每次从海上打鱼回来，都会将一些鱼虾分给乡亲们同享。说也奇怪，那一年，海域各处都捕不到鱼，只有到大东海才能打到鱼虾。一天，阿富在大东海打到一条好大的鱼。回村后，他把鱼切开，分给众乡亲，自己只留下一点点鱼头。

谁知，阿富煮鱼时，来了一位要饭的老婆婆。只见她满头白发，衣衫褴褛。阿富将煮好的鱼头分给她吃。吃完后，老婆婆顿时有了精神。她扑地跪下来叩头，感谢阿富的帮助。阿富慌忙扶她起来后，惊奇地发现站在眼前的不再是个老婆婆，而是个胜似天仙的美女子。女子自我介绍说，自己的名字叫阿美，是大东海龙王的第三个女儿。现在人间闹旱灾，这次来是要告诉人们：善良的人，只要到大东海喝上三口海水，回去后，便能挖地出水、种地丰收、做买卖发财、事事如意。

阿富喜出望外地带领乡亲跑到大东海边，各自用手连捧了三口水喝。当他们回到田间后，发现地里冒出了一汪清澈的溪水，味道还十分清甜可口。不多时，这汪水越来越大，汇成了一条河，欢快地向前奔腾。乡亲们得救了，阿富和阿美也成了亲。从此之后，鹿回头村的乡亲们要办大事之前，都到大东海去喝三口海水，定能心想事成。善良的村民将这一秘密，告诉每一个来大东海的人们，让更多的人享福。鹿回头村的乡亲们说，这幸福是大东海给的，我们的福气会像东海一样浩大。由此，"福如东海"这话便一直流传至今。

"寿比南山"的传说，同样十分精彩。

有一年，琼州大地突然天昏地暗，电闪雷鸣，倾盆大雨连续下了七天七夜。第八天，只听得轰隆一声巨响，天崩地裂，琼州岛上的生灵死的死，伤的伤。连山脉都变了形，河流都改了道。有些山脉和河流甚至消失了。奇怪的是，只有南山（今三亚市的鳌山，亦叫南山）安然无恙，住在南山的人一个也没有伤亡。据传，经历了这次天崩地裂的南山人，个个都活了几百岁，后来都成了神仙。

公元 748 年，鉴真师徒等 35 人，从扬州启航，第五次渡海时遇到台风，漂流万里到达了振州（今三亚市）宁远河口（今海山奇观风景区一带）时，已经一点力气也没有了。南山人发现了他们，把他们救了起来。神奇的是，他们刚踏上南山大地，眼睛便睁开了，浑身上下也有了精神。居住一年多后，他们在振州修造了一间大云寺，开始传播佛教文化。这事情一传十，十传百，人们都将南山称作仙山了。传说，到过南山的人，有病祛病，无病健身，个个长寿。因而，人们常用"寿比南山"喻人的寿命如南山一般长久，来祝福他人长寿。

"福如东海，寿比南山"的版本很多，但海南省三亚市流传的传说，更加普遍，更易令人接受。

长寿路旁的"寿星公神龛"（江军辉摄）

"双龙戏珠"寓意深

在金林的古建筑中，常会看到由两条龙相对玩着一颗宝珠的壁画或雕塑艺术，人们称之为"双龙戏珠"。

龙，是古代传说中的神异动物。它产生于华夏图腾文化。远古的三皇五帝均以龙作图腾。珠，即珍珠、夜明珠。传说龙珠可避水与火，是吉祥的象征。

传说，金林村的大雾山，过去曾发现过夜明珠。《德庆州志》载："康州端溪县金林山，一名曰黄金山（又称大雾山）。俚人有岑班者，入山采伐，遇一宝珠，圆径寸。始以为石，遂取以归。及夜，光明照烛，举栅朗然。俚人甚惧，以火烧之，光虽损，顿更明彻，犹然照一室如白日，客有请之千金，遂秘不出。"

金林的祖先对龙和珠有着特殊的敬畏和崇拜之情。饰物中有"双龙戏珠""群龙戏珠"和"云龙捧珠"；命名上有"庆安宫龙母庙""骑龙庵""回龙里"和"龙门"；民间活动上，更是从祭祀敬龙到娱乐舞龙，丰富多彩。"双龙戏珠"龙舞及绘画图案，多呈行龙姿势，表现出双龙升降、推让金珠的形态，金珠在两龙中间舞动。双龙戏珠图案多出现在壁画、染织、刺绣、雕铸等工艺装饰品上。

双龙戏珠的艺术形式多种多样，但都表达了喜庆丰收、祈求吉祥的美好愿望。

（景点解说词）

"四喜"临门有来由

过年时，金林人喜欢将"五福临门"这个吉祥语，张贴于门上方，作为春联的横批或"大吉"使用，寓意在新的一年里"福、禄、寿、喜、财"一齐来临。但将它换成"四喜临门"，则往往会被人笑话。一是，四喜临门的内涵不像五福临门那样广为人知。二是四喜临门，在民间的使用上范围不广，多出现在祠堂的大盖檐（木雕盖板）、壁画上和戏剧台词中。

在民间俗语中，关于"喜"的系数，一般最多不过"四"，所谓"四喜临门"，也是生活中喜事之最。

民间习俗中说的"四喜"具体是：久旱逢甘雨，他乡遇故知，洞房花烛夜，金榜题名时。

"四喜"作为老百姓现实生活中的某种民情图像，说白了就是象征着这四件事：一是在十分困难的时期，碰上了困难得以解决的机遇和条件，使人们愁容顿展，或得到了意外收获，让人喜出望外；二是人际关系、社会交往中偶然发生的激动人心的事件，造成了情感上巨大的波澜和愉悦；三是婚姻圆满；四是长久为之奋斗的目标实现了，事业有成，佳期降临，意味着生活急剧改善与提升，让人沉浸于幸福的喜悦之中。

相传这首诗为杜甫所作。它总结了人生最值得高兴的四件喜事，故名。旧时，金林有人结婚时贴过这么一副对联：

诗歌杜甫其三句，
乐奏周南第一章。

"杜甫其三句"是指《四喜》中的第三句"洞房花烛夜"。"周南第一章"则是指《诗经·国风·周南》里的第一章《关雎》，这是描述男女相爱的诗句。该联巧妙地将《四喜》中表达的婚姻圆满之意和《关雎》中描述的男女相爱之情嵌入联中，既体现了婚姻的特定意境，表达对婚姻圆满的祝愿，又深化了婚庆的文化底蕴，确是一副难得的佳联。

由此看来，"四喜临门"和"五福临门"一样，都是民间喜闻乐见的吉祥语，只是在内涵、寓意和使用上各有所指而已。

"福禄寿全"与"螽斯衍庆"

　　金林村丽先谈公祠，中厅两柱之间的一条横梁下方，分别在两端刻有"福禄寿全"与"螽斯衍庆"两枚印章。很多游人觉得奇怪，并求解释。

　　福禄寿全。福：福气、福分、幸福美满；禄：俸禄（即薪水），代表官爵、富贵和权势；寿：长寿。福禄寿是传统价值观中完美人生应该全部具备的三个要素。在建筑物上刻上"福禄寿全"印章，寓意福禄寿齐全，人生完满。

　　螽斯衍庆。这句吉祥语，在金林除了以印章形式出现外，还有将它作为联语的横批使用。如：清轩谢公祠的厅堂联"吾先祖，创业维艰，放一鸟，牵一牛，全凭激励；尔后人，克家聚族，鸡有谈，凤有羽，务在显扬"的横批，便是"螽斯衍庆"。

　　螽斯衍庆，出自《诗经·周南·螽斯》：螽斯羽，诜诜兮。宜尔子孙，振振兮。螽斯羽，薨薨兮。宜尔子孙，绳绳兮。螽斯羽，揖揖兮。宜尔子孙，蛰蛰兮。螽斯，昆虫名，产卵极多；衍，延续；庆，喜庆。螽斯衍庆，比喻子孙众多，多作称颂语。近义词有"儿孙满堂""人丁兴旺"等。

（景点解说词）

"五福"含义君知否

　　历代的金林人，皆视蝙蝠为福气、长寿、吉祥、幸福的象征。从祠堂、庙宇到民居，其壁画、屏风和门窗等处均可见到蝙蝠造型的艺术形象。在"寿星、金龟、蝠、鹿、鹤"金林村五山会局（指大雾山、龟头山、蝠鼠山、鹿山、鹤山）的风水格局里，也缺少不了"蝙蝠"。蝙蝠从"遍福"取谐音，再从自然的生活习性倒挂而睡象征"福到"，吉祥的象征意义深入人心，历久不衰。

　　"福"的词义，古人多作"富"解。汉代刘熙《释名》说："福，富也。"《礼记·祭统》说："福者，备也，备者百顺之名也，无所不顺者谓之备。"按照《礼记·祭统》这个解释，"福"就是"备"，"备"就是"顺"。清代段玉裁《说文解字注》解释"福"，也引用了《礼记·祭统》的解释。"备"是"具备"，有"完全"的意思，比如祭祀的酒肉之类皆备了。由此也引申也"福"是"富"。《诗经》的雅颂中有"报以介福，万寿无疆""君子万年，福禄宜之"……

　　那么，"五福"的含义具体是指什么呢？《尚书·洪范》中记述："一曰寿，二曰富，三曰康宁，四曰攸好德，五曰考终命。""寿"，是说命不夭折而且福寿绵长；"富"，是指钱财富足而且地位尊贵；"康宁"，则指身体健康而且心灵安宁；"攸好德"，是指生性仁善而且宽厚宁静；"考终命"，是说善终，是指临命终时，没有遭到横祸，身体没有遭受病痛折磨，心里没有挂碍和烦恼，安详而且自在地离开人间。

　　这"五福"，就是中国人对"福"最早的具体阐释。至于后来演化为"福禄寿喜财"，则更符合民俗文化的需求、心灵的寄托，也属于对精神层面的更高慰藉。

"三生有幸"的故事

金林的祠堂里有一幅耐人寻味的壁画。画面分两部分。左边画有一条弯弯的小河，河边有个挺着大肚子的孕妇在取水，不远处有两个人像在指点着什么。右边画面上，一棵茂盛的柳树下，有个张着口的牧童坐在牛背上。旁边有位老者，似在和牧童说话。画面右上方有题字，但破损严重，仅剩"三生"两字略可辨认。

一天，前来观赏壁画的人特别多。有人对壁画的内容和含义进行了激烈的争论。争来争去，却没有一个说法令人信服。后来，一位年逾八十的老者细看一番后，笑着说："你们三生有幸了！"众人不解，遂向老人请教。

原来，这组壁画画的是一个关于"三生有幸"的传奇故事。

"三生"乃佛家术语，指前生、今生和来生。"幸"是幸运。"三生有幸"，是指三世都幸运，形容极为难得的好机遇。元朝吴昌龄《东坡梦》第一折中有："久闻老师父大名，今日得睹尊颜，三生有幸。"

传说，唐朝有位法号圆泽的高僧，对佛学有极高深的造诣。他和一位俗家朋友李源十分要好。一天两人外出旅行，在一个山清水秀的地方，看见一个肚子很大的孕妇在河边取水。圆泽顿时失色落泪。李源问之原因，圆泽说："这位妇人姓王，是我来生的亲娘。她已经怀孕三年了，就等我去投胎做她的儿子。可是我一直躲避她。这一次，恐怕我无法再避了。"说着，他紧紧地握着李源的手，继续说："我得走了，去给她做儿子了。三天之后，这位孕妇该生产了。到时，请你到王家去看望一下。如果婴儿对你笑一笑，那就是我了。我没什么信物，就凭这么一笑吧！……还有，十三年后的中秋节，我在杭州的天竺寺等你。那时，我们再相会吧！"李源半信半疑地点了点头。分别后的当天夜里，圆泽圆寂了，三天后，王家的婴儿也呱呱落地。李源践约前往王家。婴儿见了，果然对他笑了一笑。十三年后中秋节的中午时分，李源如期到天竺寺寻访老朋友，刚到寺门口，就看到柳树下有个牧童坐在牛背上唱歌。歌道：

"三生石上旧精魂，赏月吟风不要论；惭愧情人远相访，此身虽异性常存。"

李源听了，知道是故人，忍不住高声问道："泽公，你还好吗？"牧童说："李公真守信用，可惜我们俗缘未了，不能和你再亲近。我们唯有再度努力修行，以求来世还能见面。"说罢又唱了一首歌：

"身前身后事茫茫，欲话因缘恐断肠；吴越江山寻已遍，却回烟棹上瞿塘。"

牧童唱完后，掉头而去。"上瞿塘"即回南浦（万州）去了。

现在一般人凡是比喻有特别的缘分，或朋友在一种偶然的机会或特殊环境中相识成为知己，又能够帮助自己的，就以"三生有幸"称誉了。

刘海戏金蟾

在金林祠堂的壁画中，有一幅题为"刘海戏金蟾"的画图。此画描摹的是刘海用缚着一串金钱的绳索和金蟾玩耍的情景。

村中长者介绍说："蟾"是古代神话中的一种吉祥物。传说，金蟾并非我们现在看到的蟾蜍，它只有三只脚，而且会吐金钱。所以民间流传有"刘海戏金蟾，步步得金钱"之说。

相传很久以前，黄山脚下，住着一位姓刘的老农民。夫妻俩只有一个儿子，名叫刘海。南海龙王有个女儿叫巧姑，自幼生活在水底的龙宫里。

一次，龙王带巧姑到北海龙宫赴宴，巧姑被途中的优美景色迷住了。后来她趁龙王外出之机，变成一只金色的蟾蜍跃出桃花溪白龙潭，伏在一片荷叶上观花赏景。谁知，一条大蟒蛇突然凶恶地向她扑过来。正在桃花峰下砍柴的刘海，挺身而出救下了她。为报答救命之恩，金蟾将口中一颗龙珠吐在荷叶上，送给刘海以作纪念。

巧姑回到龙宫后，日夜将刘海思念。一天，她又变作金蟾重现于荷叶上，希望能再次见到刘海。事有凑巧，刘海因要伐木盖房，这天他来到龙潭边。在潭边喝水时，刘海发现脚下有一串金钱。他环顾四周，不见人影，高声呼唤亦无人应答，于是将钱留下，准备回家。谁知那串金钱却叮叮地响了起来。原来这串金钱是金蟾故意放到他身边的。那串着金钱的丝线，有一头系在她手上。刘海要走时，她便在水下牵动丝线，让那串金钱响起来。刘海感到奇怪，便细心地观察起来。谁知当日要伤害金蟾的那条巨蟒，又突然出现在刘海身后。眼看恶蟒正要对他下毒手时，龙女巧妙地将恶蟒引开，让刘海有了反击的机会。只见刘海手起刀落，恶蟒被斩成了两段。此后，刘海和龙女情投意合，终成眷属。

其实，历史上，刘海是有人物原型的。其人出自后梁燕山，本名刘操，字昭远，又字宗成，号海蟾，居燕山一带。先为辽国进士，后出家修道，后来刘守光被后梁太祖封为燕王，刘海便当上了燕王的丞相。刘海特别喜好谈玄论道，与道士交往甚密。一天，有个道士到访，刘海以礼相待，问道士的姓名，却默而不答，只是要刘海拿出鸡蛋十个，金钱十文，他以每一文钱间隔放一个鸡蛋，垒成塔状而不倒。刘海惊叹说："太危险了！"道士告诉他说："你身家性命面临的危险，比它大得多了！"刘海吃惊地问："有何化解良方？"道士不语，将鸡蛋和金钱拿起来狠狠地摔于地上，然后大笑而去。原来，道士是暗示刘海目前身居高位，就像这鸡蛋和金钱垒起来的蛋塔，随时有坠毁的危险。要摆脱困境，必须抛弃荣华富贵，像道士将鸡蛋和金钱掷于地上一样。刘海明白了道士的用意。当晚摆了一桌丰盛的酒席，美美地饱吃一餐，然后砸碎了所有值钱的东西。第二天，他解下相印，穿上道士服，假作疯癫之状，逃出了燕国，远游秦川去了。路上他又与那位道士相遇，道士授给他服丹成仙的口诀。刘海方知道士是正阳子钟离权。两年后，燕王刘守光僭称大燕帝，不久就被朝廷剿灭。刘守光遭诛灭九族之祸。而此时，刘海正云游天下访道。后来遇上了吕洞宾，授之以秘法，乃得道成为真仙。从此，刘海以钟离权、吕洞宾为师，追随他们遁迹于终南、太华之间，不知所终。元朝元世祖封刘海为"海蟾明悟弘道真君"。武宗皇帝加封为"海蟾明悟弘道佑帝君"。"刘海戏金蟾"，寓意放弃功名利禄，淡泊修行。中国民间流传有"刘海戏金蟾，步步钓金钱"的说法，赞扬视金钱如粪土的人性品格。刘海还被视为"善财童子"，备受大家的喜爱。

"六六大顺" 有出处

笔者生长于金林，小时候，对长辈说的"一心敬、二郎担山、三星高照、四喜、五魁（五经魁首）、六顺（六六大顺）、七巧、八骏、九（久）长（久久长寿）、十全（十全十美）和元宝"等词语的含义，不甚了解，但却喜欢看大人们猜拳行酒令时的热闹场面。令我至今难忘的是，在一次酒席上，众人正酒兴高涨时，竟因有人说错了酒令词，而引发争拗，甚至出现动手的尴尬场面。

原来，那时有个以讲《三国演义》出名的本地说书人"车天丫"，他在唱酒令时，一时口快，将"六六大顺"，说成了"七七大顺"。之后，还死不认输。谁知他的对手竟又是讲《西游记》最拿手的"西游尚"。如此一来，两个"性情中人"碰在一起，岂不要来一番"龙虎斗"！

那么，为何叫"六六大顺"，而不叫"七七大顺""八八大顺"呢？

原来，猜拳呼词，均有典故出处。

有说，"六六大顺"来自《易经》。《易经》中有"六爻"之说。《易经》中"六"代表阴爻（"九"代表阳爻），六个六为"坤"卦，上六爻，龙战于野，其血玄黄，是个大不顺的卦象。因为不顺，所以人们便说"六六大顺"来反制，以表达心中事事顺利的愿望。

有说，"六六大顺"源自《左传》："君义、臣行、父慈、子孝、兄爱、弟敬，所谓六顺也。"后人多用于祝福中年人士工作顺利、事业有成，身体健康、家庭幸福。

还有一说，认为"六"与"顺"有着特殊的关系。其一，"三三不尽，六六无穷"，在中国传统观念中，"三"是一个可以无限延伸的数字，推而广之，"三"的倍数也具备了同样的性质。如"六合""九天""十八""一百单八好汉"等，这些数字，都有"极大"的含义。

其二，顺，与逆相对，趋向同一方向。如，顺风、顺水、顺境、顺水推舟、顺风使舵、顺应潮流等，有表示合理、顺利、顺溜、合乎心意、和顺等意思。

"六"与"溜"谐音，又可以将"顺溜"与"六"联系起来。所以，可以无限延伸的"六"就与"顺溜"结合起来，说成"六六大顺"，表达人们心中一生顺畅无阻、平平安安、事事顺利、得心应手的愿望。

这大概就是人们说的"六六大顺"的出处吧！

【相关链接】

猜拳是中国饮食文化的重要内容。这种以手指屈伸争高下的"手势酒令"，最早见于唐代皇甫松的《醉乡日月》，以后的小说、笔记、诗文中多有记载。细究猜拳呼词，均有典故，并寄托着饮酒者的心愿。

一心敬，杜甫《高都护聪马行》："与人一心成大功。"表达饮酒者诚心敬酒，同心饮酒。意谓亲友应一心一意，同心同德。

二郎担山，古太平歌词《二郎劈山救母》："二郎爷爷本姓杨，身穿道袍鹅蛋黄，手使金弓银弹子，梧桐树上打凤凰。有心打它三五只，又怕误担山赶太阳。"一般通俗呼为"咱俩好""哥俩好"，或"两兄弟"。

三星高照，三星是福星、禄星、南极老寿星。有呼"三元"者，古时乡试第一名为解元，会试第一名为会元，殿试第一名为状元。意在祝愿亲朋富贵吉祥长寿。

四喜，"久旱逢甘雨，他乡遇故知，洞房花烛夜，金榜题名时。"古书古戏里多有这四句话。四件事为人生大喜事，意在祝愿人生欢乐开怀。

五魁（五经魁首），古代学子苦读五种儒家经典著作《诗》《书》《礼》《易》《春秋》，十载寒窗，以求功名，"魁"即"首""第一"。此是祝愿亲朋前程远大光明。

六顺（六六大顺），《左传》："君义、臣行、父慈、子孝、兄爱、弟敬，所谓六顺也。"祝愿人生顺利平安。

七巧，七月初七，银河灿灿，牛郎织女相会。民间妇女于此夜对月穿针，默祷上苍，以斗巧取胜，称乞（七）巧。意谓祝福亲友心灵手巧，聪慧有谋。

八骏，周穆王曾驾八匹骏马（绝地、翻羽、奔霄、超影、逾辉、超光、腾雾、挟翼）至昆仑山瑶池与西王母诗酒酬唱。唐李商隐有《瑶池》诗："瑶池阿母绮窗开，黄竹歌声动地哀。八骏日行三万里，穆王何事不重来。"亦有呼"八仙过海"者。均为祝愿亲朋命运亨达，前程远大。

九（久）长（久久长寿），《史记》："建久安之势，成长治之业。""久""九"同音，愿人长依长存，有祝愿幸福长寿之意。

十全（十全十美），乾隆帝自诩文治武功福禄寿具备，自号"十全老人"，并亲撰文章张扬天下。有祝愿亲朋幸福美满之意。

元宝，因唐时钱币"开元通宝"被误读成"开通元宝"而得名。猜拳时伸出拳头不出手指，相当于数字中的"0"，不说"0"而说元宝，有祈望亲朋得宝发财之意。

"三星拱照"与"六合同春"

　　金林一带村民在新年贴挥春（春联）时，喜欢在中堂上，贴一个用整张红纸写就的大福帖，以增添节日的喜庆气氛。福帖上的文字内容，大体有"福禄寿"（或福禄寿三星年画）、"满堂余庆"或单纯一个大福字。福帖旁还常配有"福禄寿三星拱照，天地人六合同春""满堂喜报平安福，余庆欣开富贵花""积德家余庆，善心世太平""平安竹秀淇泉澳，富贵花开玉树枝"和"神德永扶家业旺，祖功长庇子孙贤"之类的伴联。

　　记得2003年春节，有位游客到农家住户拜访时，曾问及"三星拱照"与"六合同春"的含义。好在主人家是个知书识礼的老人，否则难以作答。俗话说："人间福禄寿，天上三吉星。"福禄寿三星是民间信仰的福星、禄星、寿星的合称。传说福神原为岁星，即木星，后逐渐人格化。一说源于五斗道所记三官的天官，演化为天官赐福之说。一说福神为唐道州刺史阳城，因其有抵制进贡侏儒的善政，遂被尊为福神。禄星原为文昌宫的第六星，后被赋予人格，附会为张仙。一说张仙为五代在青城山得道的张远霄。一说为后蜀皇帝孟昶，即送子张仙。寿星亦始于星宿崇拜，即角、亢二宿，是二十八宿中东方七宿中的头宿，位列宿之长，故曰寿，寄托了普罗大众祈福长寿，避灾迎祥的美好愿望。另有一说，寿星为南极星，亦名南极仙翁。明清以后，民间将福禄寿三星一并奉祀。三星典型的形象为，福星执如意居中；右为禄星，作员外打扮，怀抱婴孩；寿星于左，广额白须，捧桃执杖。福星寓意五福临门；禄星寓意高官厚禄；寿星寓意健康长寿。民间认为，于厅堂张贴"福禄寿"福帖或摆放福禄寿三星神像，有多福避难、吉星高照、福大财多、益寿延年等象征意义，可增添福气、财运和寿元。

　　六合同春，又名鹿鹤同春，古代汉族寓意纹祥之一。六合是指天地四方（天地和东南西北），亦泛指天下。六合同春便是天下皆春，万物欣欣向荣之意。民间运用谐音的手法，以"鹿"取"六"之音；"鹤"取"合"之音。"春"的寓意则取花卉、松树、椿树等。这些形象组合起来构成"六合同春"吉祥图案。在明代有以六鹤来表现的。杨慎《升庵外集》卷九十四："北之语合鹤迥然不分，故有绘六鹤及椿树为图者，取六合同春之义。"李白诗云："秦王扫六合，虎视何雄哉！"可见六合即天下，六合同春，便是天下皆春，万物欣欣向荣的意思，也是对新一年的良好祝愿。

听了老人详尽的解说后，该游客十分满意，他感慨地说："金林，真是个名副其实的文化之乡啊！"

龙凤呈祥

中华文化博大精深，吉祥文化更是一颗璀璨的明珠。回顾 2006 年，金林水乡承办了一个"请到德庆过大年"的旅游推介现场会，并设有一个演示婚庆习俗的场景。其中有两副引人注目的对联：

其一：堂前奏笛迎宾客，
　　　户外吹箫引凤凰。
其二：金屋笙歌偕卜凤，
　　　洞房花烛喜乘龙。
横批皆为：龙凤呈祥

一位负责旅游工作的领导，看完演示后，提出"在进行场景解说时，若能增添一些文化内涵，比如对联的解说，'龙凤呈祥'的出处等，定会让游客倍觉亲切，更感满意……"听了之后，笔者不敢怠慢，力寻答案。

原来，在中国传统观念中，龙和凤代表着吉祥如意。龙凤一起使用多表示喜庆之事。成语"龙凤呈祥"出自《孔丛子·记问》，关于"龙凤呈祥"的典故传说有许多。

龙是古人对鱼、鳄、蛇、猪、马、牛等动物和云、雷电、虹等自然天象模糊集合而产生的一种神物。爬行动物和哺乳动物是龙的主要集合对象。因此，龙常常被称为"鳞族之长""众兽之君"。

凤是古人对多种鸟禽和某些游走动物模糊集合而产生的一种神物。长翅膀的鸟禽是凤的主要集合对象。因此，凤便登上了"羽族之长"的宝座，有"百鸟之王"之称。

龙有喜水、好飞、通天、善变、灵异、征瑞、兆福、示威等神性。
凤有喜火、向阳、秉德、兆瑞、崇高、尚洁、示美、寓情等神性。
神性的互补和对应，使龙和凤走到了一起，一个变化飞腾而灵异，一个高雅美善而祥瑞，两者之间美好的互相合作关系建立起来，便是"龙飞凤舞""龙凤呈祥"了。

关于"龙凤呈祥"，还有一个神奇而美丽的故事。

春秋时代，秦穆公有个小女儿，生来爱玉，秦穆公便给她起名叫"弄玉"。弄玉性子自由烂漫，喜欢品笛弄笙。穆公疼爱她，便命工匠把西域进贡来的玉雕成笙送给她。公主自从有玉笙，吹笙的技艺更加精湛。长到十多岁时姿容无双，聪慧绝伦。秦穆公想招邻国的王子为婿。弄玉不从，自有主张，若不懂音律，不是喜奏乐器的高手，宁可不嫁。穆公珍爱女儿，只好应允。

一天夜里，公主倚栏赏月，用玉笙表达自己对爱情的神往，释放心中怀春之情。此时，一阵袅袅的洞箫声和着公主笙乐响起。一连数夜，笙乐如龙音，箫声如凤鸣，合奏起来简直如仙乐一般动听，而且乐声响彻秦宫，乃至方圆百里。穆公忙问其故，公主说是从很远的地方传来相和的。穆公命大将孟明速寻吹箫人。孟明在华山脚下，听樵夫说有一个青年叫"萧史"。他在华山中峰明星崖隐居，善吹箫，音可传数百里。孟明到明星崖将萧史带回了秦宫。时值中秋，秦穆公见萧史的箫亦是美玉所制，倍感高兴，便请来公主。谁知两人一见钟情，当场便合乐起来。一曲未完，殿内的金龙、彩凤似在翩翩起舞，众人听得如痴如醉，齐说"真是仙乐呀"！弄玉和萧史完婚之后便住在宫里。萧史教弄玉用箫学凤鸣，弄玉教萧史用笙学龙音。十多年过去，宛转的凤鸣声真的把天上的凤引下来了，停在了他们的屋顶上，不久龙也来到他们的庭院里。

一日，萧史说："我怀念华山幽静的生活。"弄玉则说："我愿与你同往，共享山野之清净……"说罢，两人又合奏起来。顷刻，龙飞凤舞，祥云翻腾，弄玉乘上彩凤，萧史跨上金龙，一时间，龙凤双飞，腾空而起，龙凤呈祥而去！

后来，人们为纪念弄玉和萧史的动人故事，便用"龙凤呈祥"来形容夫妻比翼双飞，恩爱相随，相濡以沫，怡合百年的忠贞爱情了。

弄清了"龙凤呈祥"的来龙去脉，不仅使导游对景点的解说更加应答自如，得心应手，还大大地增强了与游客的互动，提高了旅游的服务质量，真个是名副其实的"龙凤呈祥"了。

拜神上香有规矩

　　金林习俗和各地一样，逢年过节，许多善男信女，都会到寺庙等神佛前上香磕头、祈福、祈寿、祈子，祈求婚姻美满、万事胜意、升官发财。作为一种善意的精神寄托，这也无可厚非。然而，佛前"上三炷香，磕三个头"的老规矩，却鲜为人知。

　　听寺里的方丈说，佛前上三炷香，磕三个头，是一种对佛（即觉悟者）的恭敬、发愿行为，也代表着一种因果逻辑。这三炷香，分别叫戒香、定香、慧香。第一炷香，要在佛前发誓，决心戒掉自己的恶习和妄念；第二炷香，希望自己能够入定；第三炷香，祈求自己得到智慧。

　　戒、定、慧，三者是"破迷开悟"的途径，也是一种因果关系。只有戒掉自己的恶习和妄念，心才能定得下来；心定下来之后，才会出现"定能生慧"的结果。一个人，如果整天想着个人的升官发财，出人头地。他们的心怎能安定下来？如此，心动神疲，无暇静思，又怎能得到完满的智慧呢！

　　磕三个头，一叩首表示对佛礼敬；二叩首表示发愿向佛学习，愿皈依佛门；三叩首是在庄严者的面前反省、忏悔自己的错误、罪过。

　　由此看来，佛前"上三炷香，磕三个头"是表示我们向佛致敬、向觉悟者学习，改过自新、从善积德的心态。敬佛贵在一片赤诚的心，不在乎上多少香，上多高多大的香，"境由心造"，外在形式是为了表达内心的状态，内心表达的外化就有了烧香拜神之举。"三炷香，三叩头"代表修持者的身、口、意敬献给佛、法、僧三宝，更加坚定信心修习戒、定、慧三学，铲除贪、嗔、痴三毒，转换成喜舍、慈悲、智慧三功德。

　　话说回来，"上三炷香，磕三个头"，一般的信众哪懂什么戒、定、慧啊！想成佛的人才会想到修行，想到戒、定、慧。多数人并不是为学佛成佛而拜神的，只是为了一些世俗的愿望，求佛保佑。更多的人是把佛当作财神来拜，"上三炷香，磕三个头"，只意味着求福、求财、求寿罢了。

　　在民间习俗中，拜神除了上三炷香外，还有上五炷香的。《六祖坛经》有"先为传自性五分法身香"之说。师曰："一戒香，即自心中无非无恶、无嫉妒、无贪嗔、无劫害，名戒香。二定香，即睹诸善恶境相，自心不乱，名定香。三慧香，自心无碍，常以智慧观照自性，不造诸恶，虽修众善，心不执著，敬上念下，怜恤孤贫，名慧香。四解脱香，即自心无所攀缘，不思善不思恶，自在无碍，名解脱香。五解脱知见香，自心既无所攀缘善恶，可沉空守寂，即须广学多闻，识自本心，达诸佛理，和光接物，无我无人，直至菩提，真性不易，名解脱知见香。善知识，此香各自内薰，莫向外觅。"

"知规矩，识礼仪。"有学者说，佛学不是迷信，而是正信。不管上三炷香还是上五炷香，只要我们诚心，便是敬畏天地，至诚待人，戒律自己。若人人都能这样，世上哪来不睦、倾轧、战争？若人人都有一颗佛心、菩萨心，那么这个世界将会是个美好和谐的世界。老话说"礼多人不怪"。如果人与人之间以礼相待，人人都有一颗佛心、菩萨心，那么这个世界将会更加美好、和谐。

德庆悦城龙母庙诞期盛况（徐向光摄）

与雷公扯上关系的礼仪

金林作为历史悠久的古村落，长久以来都保持着许多传统习俗。例如"天上雷公，地下舅公"，这句广泛流传于我国民间的俗语就很典型。其用类比的方式，说明了"雷公""舅公"两者都具有不可撼动的地位。其中，还蕴含着一种甥舅间的特殊礼仪。

"闲人倚柱笑雷公，又向深山霹怪松。必若有苏天下意，何如惊起武侯龙。"这首唐代韩偓的《雷公》诗，表面是说"雷公"，内里却是以"雷公"喻朱全忠，讥讽他只作毫无意义的排场之事，与"雷公"无直接的关系，仅属借物抒情罢了。

雷公是九天之神。他与电母（闪电），是管理雷电的。自先秦两汉起，民众就赋予雷电以惩恶扬善的意义，认为雷公能辨人间善恶，代天执法，主持公道，击杀有罪之人。因而雷公的地位崇高，不可侵犯。

舅公则是母亲的兄弟，正式称谓曰"舅父"，口语"舅舅"，旁说"娘舅"。人们婚嫁时，为讨生儿育女吉利，媳妇即以儿辈的身份尊称丈夫的娘舅为"舅公"。同理，女婿也以儿辈的身份尊称妻子的娘舅为"舅公"。当然，真有了外甥孙辈了，外甥孙辈对祖母或外祖母的兄弟，父亲或母亲的舅舅，就更理当尊称"舅公"了。

雷公和舅公，一个是天上的神，一个是凡间的人，两者为何会扯在一起呢？内中必有其原因。"天上雷公，地下舅公"，前句指出雷公是天庭中继天公之后的重要神祇；后句则暗示舅公在家族中突出的地位。这样，将"舅公"与天上的"雷公"等同起来，足见"舅权"在人们心目中的至高无上。可以说，在所有的亲戚中，"舅公"的威望最高，最受尊重。由此可见，"天上雷公，地下舅公"的本义可以理解为：倘若对父母不孝，就会遭到天上雷公打，地下舅公骂。当然后来还引申为：凡事讲究礼节，无规矩不成方圆，劝谕人们按规矩行事，行善积德，不要为所欲为，为非作歹，否则你不会有好果子吃的。

雷公的权力大如天，而舅公的权力又如何呢？舅权，即舅公权。舅父（也称舅舅、舅公、舅翁）是母系家族中的兄弟辈人，亲族中称"娘家门上的人"，是娘家的全权代表。各地家族之外有"舅公为大"的说法。在家族事务的仲裁中，舅公被赋予很大的权力，是与亲族间分家析家产和评断疑难棘手事务相关的。由于舅父的姐妹出嫁后，所生子女在血缘上还有联系，当外甥之间有财产纠纷或对其他一些重大事情出现分歧争执时，作为舅公，能较为公正地裁决。他们的干预往往能起到决定性的作用。

在封建家庭伦理关系中，儿媳妇地位低微，遇到必须申辩或争取之事，只有诉诸娘家人。娘家人则以舅舅为代表。故民间如有姐妹等在婆家受辱，舅舅往往会挺身而出，替其做主出气。这种现象有些地方称为"做外戚""做外氏"。一些农村，则称其为"做老大""做恶人"。旧时，"做老大"现象十分普遍。如因家务事、夫妻口角、婆媳不和导致妇女上吊、服毒、投河自尽等非正常死亡时，女方的娘舅便会召集亲族，到死者男家"做老大"，追究死因，将男家的猪宰食，甚至砸烂屋瓦和灶台、家具，大闹一场。这种"兴师问罪"的做法，在中华人民共和国成立前非常普遍。

舅公的权力之大还表现在与"雷公"扯上关系的民俗礼仪上。

乔迁时，各地凡新居入伙，都要请舅公来喝"入伙酒"。舅公送的字、画要挂在大厅的正中，入座时，舅公要安排坐在首席大位；酒席上，要安排族中长者相陪，以示恭敬。

每当平时有来客，或调解家庭纠纷时，也以母舅、妻舅为尊贵。当家庭出现棘手问题时，须请舅公出面排解，外甥要听从裁决。过去由舅公为中介者的两种姓氏间互相裁决的关系在农村尤为多见。

孩子满月、周岁或成丁时，舅公送礼最厚，回礼亦最丰。

举行婚礼时，以舅公为尊。外甥结婚，舅公必到场。婚宴上排席，舅公必须坐"大位"，以示尊敬。鸣炮开席时，要待舅公举箸，他人才能动筷。外省有些地方，席上还要另备一只鸡腿给舅公。如果有事令舅公不快，起身离去，酒席即行终止，众人亦会随之离去。更有甚者，若因一时疏忽，漏请舅公或因某些礼遇不周而"得罪"舅公时，舅公到场后可掀翻酒桌，大闹酒堂。每遇此类事情，往往"喜家"会变为"气家"，还贻笑于人。所以，舅公是万万得罪不得的。

遇有丧葬（丧妻或丧母），须先向外祖父及舅公报丧。待他们到来时，摆香案跪拜迎接。舅公不到场，不可入殓下葬。旧时丧礼中，有"跪母舅"之俗。母亲去世，外甥必须请舅公来。舅公到来时，外甥及媳妇全跪在地上，听凭舅公发落，俗称"跪母舅"。如外甥及媳妇对母亲生前十分孝顺，舅公便会很快上前让其起身；若是遇到不孝之甥（或媳），舅公则会令他们长跪，听凭责骂教训，以示惩罚。

乡村里，有些人认为，舅公教训外甥是天经地义的。在他们的心目中，舅父特别是大舅父的权威，有时还高过父亲，特别是在管理、引导教育儿女尽孝或析分家产等问题上。一些地方，外甥若有不听劝告，舅公可以棍棒"伺候"，令一些不孝子女谈"舅"色变。但现实生活中，舅公并不真像雷公那样可怕。只要踏踏实实做人，不做有违天地良心之事，有时候，舅公比父母还痛爱外甥呢！比如，一些父母因对子女恨铁不成钢，动不动就打骂时，舅公常常会出面"保驾"，并给予正面引导教育；逢年过节，舅公不会忘记给外甥准备一封大利是；当外甥因读书或结婚等人生大事，出现等钱用时，舅公常常会"急甥之所急"，想方设法予以雪中送炭。于是，一些农村里，便有了"舅公爱外甥"之说。

话又说回来，随着时代的发展，观念的转变，舅公权在民间的影响也日渐式微。随着法制的健全与和谐社会的创造及人们素质的提高，"天上雷公，地下舅公"这种特殊的民俗礼仪，也将会越来越被淡化。

【相关链接】旧时婚庆的厅堂布置和酒席排座

一、男家亲朋喜镜放置排序图

姑　丈	对首亲家	母　族	满堂余庆	祖　族	妻　族	对首亲家
6	4	2		1	3	5

街坊朋友	8	说明：一般写镜画用男的行款，但如有祖母在堂，应写：祖慈命×× ×××鞠躬。有母亲在堂则写：慈命×× ×××敬礼，表示有尊辈在不敢自尊，吊镜画时好处理。	7	地方首长
姨　丈	10		9	街坊好友
姑表兄	11	关于三级镜画吊法： （1）祖族按其尊卑老少向脚下吊不横吊。母族亦然，其他类推之。	13	姐　婿
契表兄	12	（2）若不分三级排则祖族按先尊后卑向左靠，母族按其尊卑向右靠。	14	妹　婿
襟兄弟	14	（3）妻族是祖族，母族之第三位应站在祖族左靠第二位，其尊卑向左靠。	15	外　甥
侄　婿	16	（4）其他关系依此类推。 （5）习俗各地方不同应"入乡从俗，出水从湾"，尊重该地方的习俗。	17	其他姨甥孙婿
其他侄孙婿	18	注：其中出现两个"14"，表示此两个为同等级别。		

二、酒席排座次

说明：（1）如果亲戚、贺客、兄弟同时开席，首席是亲戚；二席是贺客；三席是兄弟。亲朋兄弟小酒席不多时就这样处理。

（2）座席可按祖父母、妻族亲疏尊卑排列。

（3）吊镜画（在镜子上绘制的图画）按祖、母、妻族次序排列，但座席卑要让尊。

（4）在台席中一、二、三、四是主席位；五、六、七、八是陪席位（也叫陪酒位）。

（5）一般开席应分为兄弟席、亲戚席、贺客席；如果三样席同时开难安排席位的，可按情况而定。

＊注意：开席放台时的台纹按厅堂直放，如横放则是请神用。

满堂余庆

```
  五 七            七 五
一  ┌───┐ 二    二 ┌───┐ 一
三  │二席│ 四    四 │首席│ 三
   └───┘         └───┘
  六 八            八 六

  五 七            七 五
一  ┌───┐ 二    二 ┌───┐ 一
三  │四席│ 四    四 │三席│ 三
   └───┘  门口   └───┘
  六 八            八 六
```

何谓"老衬"

　　我的舅公叫陈美。不知何故，金林人却称他"老衬"。

　　小时候，祖母对我说过，舅公曾好长一段时间住在我家。他是来帮我的祖父料理一些小本生意的。舅公人缘好，忠厚老实，深为金林村民称道。但祖母说他老实过了头，常被人怂恿做一些对自己没有好处的事情。村里跑旱龙时，舞龙头冲锋在前的是他；关帝诞代人抢炮圈的是他；过年舞狮采青叠罗汉时，于底层托举舞狮人的也是他；爆竹攻狮子时，口含生菜，冒险上阵搏杀的还是他……。然而，分派"利是"时，他拿的，往往却是最少的一份。

　　"老衬"本属粤语方言。有人说这是形容愚蠢、头脑糊涂，老被别人占便宜的人。而"揾老衬"，就是"揾笨"，占便宜的意思。由此看来，我的舅公被人称为"老衬"，就不足为奇了。

　　但是，它的含义远不止于此。

　　在一次参加香港自由行时，我遇到了一位人称"省港通"的团友。在香港太平山顶风景区的"老衬亭"上，他给我们讲述了和"老衬"相关的趣事。

　　据说"老衬"一词，起源于这个老衬亭。游客很辛苦地登上太平山顶的这个观光亭，看树树不绿，看山山不奇，简直没有什么值得欣赏的景点，唯一能看到的是香港一隅的风光。于是，人们便将登上太平山顶观景亭看作是一个很愚蠢的行为，甚至把"登太平山顶观景亭"视为被"揾笨"，当了"老衬"。

　　"老衬"，"老"属于称谓上的词头，"衬"有"搭配上别的东西"的意思。它作名词时，一般指内衣，或附在衣裳某一部分里面的纺织品。词性变化可作动词，意思指在里面再托上一层或搭配上别的东西。"衬"也是一种写作方法，主要方法有反衬、衬托等。

　　在传统观念中，恋爱的男女一定要相衬，或外形相仿，或家世相若，或事业相当等。因而人们对媳妇或女婿的父母称为"衬家"，口语便说成"老衬"了。当然，有些地方，亦将"老衬"称作"水鱼"，那就另当别论了。

　　还有一说，"老衬"和一本故事书有关。在香港定居多年的叔伯，回乡探亲时介绍了相关的一些情况。

　　民国时期省港流行着一本名叫《鬼才伦文叙》的故事书，署名是衬叔著。该书故事情节系酒色才气之间斗智输赢的描述。其精妙之处是赢者不但得益，且令输者不敢声张，自认倒霉。凡看过此书或者听过此书故事的人，在人情世故上多了一个"搵人着数"的心眼（或可叫精明，也可称蛊惑），而被人"捋着数"（占便宜）的人，将责任归咎于始作俑者——衬叔，衬叔一把年纪了，于是被尊为"老衬"。继而就有了坊间口语，被人占便宜者系"正老衬"，占人便宜者叫"搵老衬"。

话又说回来，舅公被人"搵老衬"，我内心是不舒服的。但金林村多姿多彩、热闹欢乐的民间习俗活动，倘若没有像我舅公那样一代代的"老衬"，是绝对成不了事的。

撇捺人生

　　金林人对诗联情有独钟。前些天，一个20世纪60年代时曾于金林小学读过书的湛江朋友，给我传来了一副绝妙的对联：

　　若不撇开终是苦；
　　各自捺住即成名。
　　横批是：撇捺人生。

　　该联立意奇巧，一撇一捺谈人生，且极具深度，简直是一篇至情至理的人生感言。

　　"若"字的撇，如果不撇出去就是"苦"字；"各"字的捺笔，如果收得住，便是个"名"字；一撇一捺即"人"字。凡世间之事，若什么都计较，什么都撇不开，到头来肯定是"苦"了自己。如果懂得放弃，不计较得失，撇开一些利益纠结，便不"苦"了。

　　有人说："不语是一种豁达，痛而不言是一种修养。"他们认为，人活着，没必要凡事都争个明白，予人方便，就是善待自己。"水至清则无鱼，人至察则无徒。"人心如路，越计较，越狭窄；越宽容，越广阔。跟家人争，争赢了，亲情没了；跟爱人争，争赢了，感情淡了；跟朋友争，争赢了，友情没了。争的是理，输的是情，伤的是自己。面对荣辱得失，学会平淡处之，不以物喜，不以己悲。倘若能放下自己的固执，按捺住自己的情绪，做到沉时坦然，浮时淡然，拿得起，放得下，安然于得失，淡然于成败，便能"闲看庭前花开花落，淡看天边云卷云舒"，赢得一份洒脱，享受到健康快乐的人生。

一联旺小街

金林水乡长寿门南面有一段短而窄的小街。街虽小，名气却不小。说起来还流传着这样一段有趣的故事。

清代乾隆年间，长寿门一带因地处中心，且有通道可达东南西北之地理优势，自然成了山村小集市的好地方。城门南面到丽先祠背后，这一段长不够百米，宽不足一丈的地段，就开设了"均兴杂货""鲜明熟药""永盛酒坊""振兴酒坊""保平安药房"及各色食店、理发铺之类的店铺，共十多间。人们日常的食用品大都可以在这里买到。但当时村里的人口不多，周边交通也不便，外来流动人口亦有限，故小街生意并不算好。

一日，在金林柑罗园执教的宋湘，也信步走到这条小街来。他看到一些店铺的门前摆放了一篮篮的瓜菜、薯芋、竹笋之类的农家特产。左看右看，却不见有人看管。中午时分，发现有几个上了年纪的人，陆陆续续地走到那些竹篮跟前。只见人们向挂在竹篮上的一截竹筒里塞进些钱，然后，有的挑了一扎菜；有的拿了一只瓜；有的提了一根竹笋舒心地走了。宋湘觉得奇怪，向旁人打听，才知道这是金林的"无人售货处"，他被这里淳朴的民风感动了。沉吟片刻后，他向一间店铺的掌柜借过笔墨，走到一堵红砖墙前，在墙上挥笔写上一上联：

一条大路通南北

上联写好后，宋湘却停下不再写了。旁人问及原因，宋湘不语，微笑着离开了金林。谁知宋湘在街上题联的事，一下子像刮风一样迅速向外传开了。不到几天，方圆几十里的百姓都赶来看热闹，其中还有跃跃欲试想补出下联的人。然而，宋湘回来后，尚无人对出，于是宋湘又亲自在墙上补写了下联：

两边小店卖东西

众人拍手叫好。这副对联巧妙之处，在于全联嵌有"东南西北"四字，并切合小街之实际。这条小街自从有了宋湘的墨宝，四面八方来往的人络绎不绝，生意也火爆起来，连金林村的名气也越来越大了。看到这些，人们才恍然大悟，宋湘题联之目的，在于"一联旺小街"。从此，金林村的人们对宋湘更加敬仰了。

　　注：清诗人宋湘（1757—1826），字焕襄，号芷湾，广东嘉应州（今广东梅县）人。宋湘才思敏捷，人们称之为"岭南才子"。宋湘约十七岁时，曾应金林谈姓家族之聘，于金林柑罗园学堂任教，故有关趣事颇多。

（景点解说词）

妙联助酒兴

清代岭南才子宋湘，以善书法和工对联名噪一时。据说其青年时代曾有过一段妙联助酒兴的佳话。

宋湘于金林村柑罗园执教时，与村民、学生之关系甚为融洽。一次，他和学生到大雾山下的河涌去摸鱼捉鳖，满载而归后，于丽先谈公祠内烹饪聚餐。席上，学生向先生敬酒后，有人提议，请宋先生即席赋联，以助雅兴。宋湘应允后，见桌上摆放着一盘盘热气腾腾、香气扑鼻的田螺、河蚌、黄鳝、泥鳅、水鱼、鲶鱼等水产佳肴，天井旁还放着那装鱼的鱼篓。于是灵感顿生，脱口而出一副妙联：

螺圆蚌扁鳖头尖，满盘皆壳；
鳅短鳝长鲶嘴阔，一篓无鳞。

该联语上下联都是以水生动物和它们的形状特点构成，可谓妙趣横生，令人拍案叫绝。于是学生们纷纷向老师敬酒祝贺，为金林有这样一位才高八斗的好老师而自豪，大家酒兴高涨，大有一醉方休之势。

（景点解说词）

爆竹 "恭" 狮子

　　古代过年时人们常烧竹子，取其爆裂声以驱邪，"爆竹"（鞭炮）一词由此而来。后来，由于社会进步和民俗进化，爆竹发生两大变化：一是火药发明后，从烧竹子发展为用纸筒灌火药引爆；二是爆竹的功能由原来单一的避邪驱鬼转变为既可避邪驱鬼，又代表节日的吉祥、热闹、喜庆和欢乐的双重意义。

　　德庆的舞狮活动已有一千多年的历史了。相传在南北朝宋文帝元嘉二十三年（446）五月，刺史檀和之奉命北伐林邑，不料初战失利。为退敌兵，先锋官宗悫想出了一条妙计，即用竹、布、麻等做成狮子的模样。每头假狮皮由两名军士披着，隐藏在草丛中并在预定的战场上挖了许多陷阱，两军交战时，"狮子"突然跃出，张牙舞爪扑向敌军，使对方受惊落阱者不计其数，终于击败林邑。此后，舞狮活动便在民间流传开来。

　　德庆人喜爱舞狮，因为他们视狮子为吉祥物，认为雄狮是兽中之王，能镇妖驱邪。他们还认为"爆竹"同样也具有"避邪驱鬼又代表节日的吉祥、热闹、喜庆和欢乐的双重意义"。因此，每年春节，家家户户都希望醒狮前来拜年贺岁，而且把这两种都具有"避邪驱鬼"意义的狮子和爆竹结合起

爆竹 "恭" 狮子（岑瑞清摄）

来，狮子是吉祥物，爆竹又具有"吉祥、热闹、喜庆和欢乐"的意思。于是在春节舞狮时，人们常常会点燃一串串爆竹投向"狮子"，与"狮子"共嬉同乐，以示"恭敬"之意，因而，人们常说的爆竹"攻"狮子，实质上也是爆竹"恭"狮子。

积善锦鲤

鲤是最常见的食用淡水鱼，李时珍在《本草纲目》中集鱼类 31 种，鲤荣居榜首。"鲤鱼跃龙门"是雅俗共赏之传说。鱼书则是古代对书信之称谓。一说因民间藏书之函习用鱼形故称。一说因鱼能迁徙，亦为沉潜之物，似书信之传递及隐秘，故习以为喻。

金林水乡锦鲤之来历，有着神奇而美丽的传说。一说村东头吉岗河边双鱼山是悦城龙母点化而成之鲤鱼山；二说金林大井中头刻"金"字的鲤鱼，不仅能在村内村外各井之间穿梭送福，还可远赴连滩、罗定等地造访；三说积善塘中之锦鲤，乃龙母开光圣物，由悦城水口遁来。为此，族人对塘中锦鲤倍加敬仰爱护，不偷、不食、不杀生，绝不亵渎神灵。许多善男信女，每从塘中曲径走过，都会买上一包鱼料，虔诚地孝敬一番塘中圣物。而水中神灵亦会感激万分，欢聚迎客。圆圆的小嘴巴一张一合，似在说："积德福满，善心寿长……"这些小精灵似在给人们捎上一个个良好的祝愿。

积善塘

（景点解说词）

金林人的闲情逸趣

　　过去，金林的闲散人较多，一有空闲，他们便趿拉着便鞋穿街过巷，在城门内、祠堂里、商店旁、大树下或理发铺等人群聚集之处，谈天说地、打"牙较"（闲聊）。村民们将谈天说地、打"牙较"叫作车大炮、吹水。而这些车大炮、吹水的村民则被人称为"冇尾鞋"。

　　车大炮是说大话、吹牛的意思。另一种说法是，在中国象棋里，车的作用比炮大，故叫车大炮。其实，车大炮来源于"车大奅"（意思是说大话骗人）。"奅"意思是：一空也，虚大也。这里的"车"本来是同"大奅"分开读的。车在粤语中属于一种口头感叹词，有"不屑"的意味。如：车，有乜我未见过？换作普通话即：咳，有什么我没见过？（这里的"咳"，相信说普通话注意其语气时，便会明白它的含义了）。"奅"这个古代异体字，民间使用较少，又与"炮"同音（至少广东话如此），所以近代民间人士多以"炮"来通假。后来，以讹传讹，便将"车大奅"写成"车大炮"了，还衍生出"胡乱说话""车天笃地"的意思来。

　　吹水大致可以理解为侃侃而谈之意，形象地表现了口水花四喷的情景。和吹牛不同，吹水基本不含感情色彩，可以说是联络感情、交流思想的渠道，比聊天一词又更市井、更接地气。

　　"冇尾鞋"，则是金林人对那些趿拉着便鞋，到处车大炮、吹水的人的戏称。当然，这里是套用了叶圣陶笔下《多收了三五斗》中"旧毡帽朋友"一类的借代手法而已。如此说法，形象生动，让人倍感亲切。

　　自20世纪50五十年代始，笔者便喜欢混迹于"冇尾鞋"聚集之所。车天丫（原名谈鸿新，乳名丫仔。业余说书人之一。村民认为，"他说《三国演义》车天笃地，尤其动听"，故叫他为车天丫）的说"三国"、西游尚（原名谈炳耀，乳名亚尚，以讲《西游记》出名，村民便管他叫"西游尚"）之讲"西游"、三叔公的道"水浒"、二伯父的谈"家风"，还有那些五花八门的民间俗语、民间故事……这一切的一切，大都是我们在课堂里难以听到和学到的东西。

　　广东的民间俗语，确实是魅力无穷的。比喻自己人不帮自己人反而帮外人时，说"手指拗出唔拗入"；若表示一种非常顺利的情况时，说"掂过碌蔗"；

若有人不停嘴地说些你不爱听的话，而想让他闭嘴时，则说"有嘢留返拜山先讲"……

在传承广东民间俗语的同时，聪明的金林人在日常的生活中，创造了不少属于自己的令人回味无穷、忍俊不禁的地道俗语（歇后语）来。

例如，"姜头粜余粮——尽量（应有尽有）"。

出处：二十世纪六七十年代，生产队缴纳余粮时，有一种自报公议的形式，即各生产队长先将当年自己队里的产量情况作介绍，并说出本次缴纳余粮的数量，后由集体决定的方式。一些老实巴交的队干部，往往被一些"精明"的人推作马前卒，先报数量，然后，他们在这个数量的基础上，一股劲地往下压，以达到"比前一个少"的目的。当时，有个化名叫"姜头"的老实人，在众人强迫的情况下，他不报缴纳的具体数字，而是用"尽量"或"应有尽有"之类不具实际意义的词搪塞过去，化解了"报少挨整，报多难顶"的尴尬局面。后来，人们在遇到什么事情非要自己表态，而又不想直接回答时，便用"姜头粜余粮——尽量（应有尽有）"这句俗语了。

又如，20世纪60年代生活困难，过节时，往往是几户人家合起来才能买上一只鹅。到平分鹅肉时，公平二字成了一道难题。有个化名叫"放屁佬"的村民，提议"你分任我拣，我分任你要"（你分随便我挑，我分随便你要）的分法，使当事人口服心服，化解了心结。后来，村民们在遇到要平分利益的时候，也来说上一句"放屁佬分鹅肉——你分任我拣，我分任你要"了。

再如，有洁癖（过分爱清洁的癖性）的"放屁佬"，在门口的水圳洗大煲（金林人将煮食用的锅叫大煲）时，不仅用稻草反复将煲内洗刷干净，还要将煲外被柴火熏黑的外表擦个一干二净。人们见此情形，又概括出"放屁佬洗大煲——里里外外干净"这句俗语来。不过，其意则引申为"吃尽、用尽，身无分文，里里外外干净"了……

金林人富有幽默感。也许这些幽默不算很高雅，登不上大雅之堂，然而却带有质朴的农民本色，具有浓郁的泥土芳香。

一个劝人戒贪的故事

　　在金林村里，老前辈在教育后代要知足戒贪时，常会运用"人心不足蛇吞象"这句民间俗语。并解释说，人的贪欲无止境，就像小小的蛇，妄想把庞然的象吞下去一样，说明贪心过大，往往会事与愿违的道理。

　　该俗语由成语"巴蛇吞象"演变而来。"巴蛇吞象"出自《山海经·海内南经》，其文曰："巴蛇食象，三岁而出其骨，君子服之，无心腹之疾。"意思大概是：有一种巴蛇能吃大象（传说巴蛇生于南海，黑身子青脑袋，长800尺），它把象吞下去后，消化三年，才把象的骨头吐出来。据说这种象骨，服食后可治愈腹内的疾病。

　　明代学者罗洪宪有诗道："人心不足蛇吞象，世事临头螳捕蝉。"以此警示后人戒除贪念。笔者小时候曾听大人们讲过这样的一个故事。

　　很久很久以前，有一对老夫妇，他们没儿没女，相依为命。男的卖豆腐，女的操持家务。日子虽不算富裕，但也衣食无忧。

　　一天清晨，老汉照样到集市上去卖豆腐。那天，天气特别冷。半路上，在路边的水沟旁，有一条快要冻僵的小蛇，老汉见它怪可怜的，便弯腰将它捡起来放到自己的怀里，想用自己的体温来暖和暖和它。说来也怪，那天老汉的豆腐卖得特别快，一大担豆腐不到半个时辰便卖光了。老汉十分高兴。回家后，老汉跟老婆说起此事，并从怀里将小蛇掏了出来。小蛇得到老汉体温的暖和，身体不再僵硬了，活泼地在地上爬来爬去。夫妇俩觉得十分有趣，心想，反正自己没有孩子，就把蛇养起来作个伴吧，可能蛇还会给自己带来好运呢！老两口决定把蛇养起来，还给它取了个好意头的名字——福蛇。

　　自从福蛇进门后，老两口十分开心，豆腐的生意也越做越旺。过了大半年，小蛇长到有三尺来长了。蛇头上长出了一对可爱的角，身上还长出了一片片龙鳞来。奇怪的是，小蛇很有灵性。每天老汉出门卖豆腐后，小蛇便围着老太婆爬来爬去，逗老太婆开心。老汉回家时，小蛇便早早地爬到门外去迎接。老两口看着这条似晓人性的蛇，心里十分高兴。但闲下来时，他们却为自己没有一个真正的孩子而发愁。蛇知道后，决定帮助他们实现梦想。

　　原来，这条蛇不是一条普通的蛇，它是天上的小白龙，由于触犯了天规，被贬到凡间受罪，幸好被老汉夫妇收留。听到老汉夫妻俩长吁短叹，便动了恻隐之心。一天深夜，蛇悄悄潜入天宫，求玉皇大帝帮忙，给这对夫妇一个孩子。一年后，老太婆果然生了一个活泼可爱的儿子。老来得子，自是喜不胜收。老两口希望孩子健康成长，长得像大象那么健壮。于是便给孩子起了个名字叫象。夫妇把象视若掌上明珠，精心呵护。工作忙时，就由蛇来照顾象。时间长了，象会走路了。蛇也越长越大，大到连屋子也装不下，身子还渐渐地露出了龙的形状。它的食量十分大，一顿要吃一头羊或半头牛。老夫妇感到自己无能为力了，况且自己如今已有了个儿子。于是，把蛇赶到了村头的一座破窑里。开始时，夫妇俩会给蛇送去一些食物。由于蛇的食量大得惊人，后来他们干脆不再送了，让蛇自生自灭了。

蛇因此断了食物的来源，只好到村里去偷些牛羊来充饥。这样一来，村民的利益受到了损害，便触动了众怒。村民们组织起来，要把蛇除掉，但巨蛇威力无比，谁也近不了身。县太爷知道后，下令悬赏勇士捕蛇。谁能撕下一片蛇鳞，赏银千两。但事过多年，竟无人挺身而出。

再说，象长大了，但整天游手好闲，好逸恶劳。老夫妇年老多病，还要起早摸黑地干活，稍有不顺，还要遭到象的打骂。蛇看到如此情景，心里十分难过。因而，有时会将偷来的食物分一些放到他们的门口，聊表一点心意。老两口知道后，十分惭愧，再想想自己这个不肖儿子，不禁潸然泪下。

一天，象听到了县里高额悬赏捉蛇的消息，心里十分高兴，心想："蛇是我的哥哥，爹娘对它又有养育之恩，现在去向他要一片龙鳞，还能不给吗？"于是，象独自到破窑里去找蛇。听象说明来意后，蛇对弟弟的不争气十分气愤，但想到他毕竟是老夫妇的儿子。于是，闭上眼睛，忍住剧痛，从自己身上扯下了一片龙鳞。蛇将滴着鲜血的龙鳞交给象，叮嘱他回去后要好好做人，孝顺父母。象哪里听得进去，只顾去领奖了。钱到手后，他整天花天酒地，对父母的生活全然不顾。过了不久，钱花光了，象变又成了一个穷光蛋。

过了些日子，县里又下通知，说谁能挖下蛇的一只眼睛，赏银万两。象知道后，认为发财的机会又来了。他连忙去找蛇。见面后，象声泪俱下，"蛇哥哥啊，你的一片龙鳞，养不了我们多长时间。现在请你挖一只眼睛给我，换到奖金后，我和爹娘的生活就有依靠了。"见蛇不予理睬，象又假惺惺地说："这次拿到钱后，我会好好地照顾爹娘，请最好的大夫替爹娘治病……"象的花言巧语，蛇虽然不会相信，但它还是可怜体弱多病的爹娘。于是，蛇闭上眼睛，狠心地用龙爪将自己的左眼挖了出来。然后将血淋淋的眼睛交给象说："回家去吧，以后好好地对待爹娘……"象领到奖金后，连家也不回，又到城里去鬼混去了。

半年后，象从县城回来了。这次他是带着县太爷的指令，要去挖蛇的心脏，如若成功，可获赏金万两。这次，他回家向爹娘讲述了自己的想法，以博取他们的支持。谁知老两口一听，气个半死。他们哀求这个不肖之子，不要再去残害蛇了。但财迷心窍的象，全然不顾，拿起尖刀便去找蛇了。

见面后，象又是作揖，又是痛哭流涕，死乞白赖地要蛇将心脏挖给他。看到象贪得无厌的丑态，蛇心灰了。它眼睛一瞪，张开大口喝道："要取心脏，你就从嘴巴爬进去取吧，不过你要一刀割下来，不要让我太痛苦……"利欲熏心的象哪里管得了这么多，拿起尖刀，一头便钻进蛇腹里。寻到心脏后，他死命地乱割一通。顿时，蛇痛得牙根紧咬，满地打滚。自然，象是永远也出不来，更不要说去领奖了。

"蛇吞象"的俗语，大概是口头文学传播演变的结果，无须鉴别真伪。那是比喻贪心不足，不会有好的下场，教育人们要克制欲望，不要得了星星盼月亮。常言道："知足常乐。"当然，这句话用在学习和事业上可能是消极的，但用在克制利欲上，至今，还是有其积极的意义的。

"公局"联语拾趣

在中国的文字世界里，谐趣和讽刺联占据着相当重要的地位。讽刺联因文人每遇不平之事则会以文字作为宣泄之途径而诞生。而楹联结构工整，朗朗上口，细细品来，或笑或悟，或醒或痴，趣味横生。

二十世纪五六十年代时，金林村的"说书人"，曾说过几副讽刺"公局"的对联，现辑录于后，以飨读者。

一

国民党统治时期，有不少官僚衙门都以"公局"命名。然而，这些所谓的"公局"却一点也不"公"，实为官僚中饱私囊的工具。于是，对这些"公局"恨之入骨的人民群众，便以对联为武器，揭露这些"公局"的反动本质。

猪公狗公，公然同理事，公心何在，公道何存，似此无公益闾里；
是局非局，局出许多钱，局内者甘，局外者苦，何时了局颂升平？

这是中华人民共和国成立前，广东省潮阳县百姓所写的一副讽刺"公局"的对联。当时，潮阳县达濠镇有一个名叫吴醉樵的恶霸。他在镇上设了一个"公局"，名义上是公论民事，维持治安，实为敲诈勒索，逢迎上司，吃喝嫖赌的公馆，群众恨之入骨。

此联使用了镶嵌格，在对联中多处位置把"公局"二字反复嵌在对联中，使人一目了然地明白对联的批评对象是国民党的所谓"公局"，其实是有百害而无一益的，无公心无公理的"猪公狗公"，是压榨人民的工具。

二

中华人民共和国成立前，某地的地主武装为了镇压革命群众，也用"公局"来命名，成立了"清乡总局"。有群众撰联讽之。

同升诸公：马公、牛公、叫鸡公，公而不公，公道何存，公理何在，此日借公贪货贿；

清乡总局：嫖局、赌局、洋烟局，局中有局，局内人生，局外人死，何时了局得安宁？

此联亦用了镶嵌和反复的修辞手法，无情地揭露了"公局"的丑恶嘴脸。

三

中华人民共和国成立前，一些派差派徭的衙门也叫"公局"，还堂而皇之地挂出了"差徭总局"的牌子。很多群众实在看不过眼，于是有人亦为该局写上一联。

支应诸公：豺公狼公饕餮公，公然办公，公心何在，公理何在，无非假公图私益；

差徭总局：酒局肉局药丸局，局中设局，局内者甘，局外者苦，几时了局见升平？

横批是：斌卡尖傀

这副对联与前联有异曲同工之妙，但多了一个有趣的横批。"斌卡尖傀"粗看起来，不明所以。细心一想，却发现其中蕴含着四层意思：不文不武，不上不下，不大不小，不人不鬼。可谓构思奇特，一针见血。

此外，亦有人仿作了一副讽刺公安分局的对联，顺录如下：

公安怎样公，猪公、狗公、乌龟公，公心何在，公理何在，每事假公图私禄；

分局什么局，酒局、肉局、大烟局，局内者欢，局外者苦，几时结局得安宁。

四

中华人民共和国成立前，广东省三水县也有一副群众讽刺地主阶级统治工具——"公局"的对联。

八面威风，转个弯私心一点；
大模尸样，勾入去有口难言。

　　这副对联，用的是拆字法"私"字，旧时写法是"厶"，与"八"合成一个"公"字；"尸"字与"勾""口"，合成"局"字。这样，对联暗含"公局"二字，揭露了公局"私心一点"的本质，"八面威风""大模尸样"的丑态，"勾入去有口难言"的罪恶，对"公局"讽刺有力，入木三分。

张名花的"公局"对联

中华人民共和国成立前，"公局不公"的例子数也数不清。但广西梧州的"公局"，却风光地被"公"了一次。

清末年间，德庆县金林村南面的旺寮寨，有个贫寒书生，名叫张名花，化名"鬼灯芯"。一日，张名花乘船到广西梧州，时值夜雨，寻亲不遇，便露宿街头。谁知巡夜更夫将他当作小偷抓到府衙。收监后，张名花连呼冤枉。为求清白，张名花向狱卒要过笔墨，写就"自白书"送递公局官员。文曰：

尝思，夜固贵于严查，冤亦当于善审。夜不查则地方无以静；冤不审则良歹而不分。蚁也！首次出门，哪识封疆之界？初来乍到，未识城阜之规。黑夜埋头，寻亲朋而不见；蒙天大雨，觅巷口而难明。待至雨晴，方能举步。不觉城楼更鼓三敲，闸门锁上加封。行至府宪衙前，却有微微灯火。移步近前，尽是大街乞食之人。斯时也，无奈同坐共谈，以待东方之白。不觉更丁昂昂而至，不由理喻，锁至台前。今已数日矣。饥肠饿断，未逢水米充饥，伏望宪台，烛照万里，品位连升，细审小蚁之冤，免受监牢之苦。

德庆旺寮张名花　当年十八

府尹见其年纪轻轻，文章不凡，不似小偷，遂令无罪释放，还赏银十两。张名花为其秉公断案，有感而发，特撰联一副，书赠"公局"：

公是公非，不公几乎丧命；
局人局我，受局定必沉冤。

2015 年笔者于泰国湄公河畔的皇家海军
礼堂门前与礼仪小姐合影

后 记

金林，是生我养我的故土，是国家评定的第三批古村落，又是 2016 年榜上有名的中国名村。

2002 年 11 月 25 日，村民们在县委、县政府的领导下投入"金林水乡景区"的创建工作。难以想象，这个普通的乡村，在短短的 66 天时间里，竟然于 2003 年 1 月 28 日，奇迹般地建成了一个闻名于省内外的乡村旅游景点。从此，有着 1 700 多年历史的金林，蓦地又多了一个响亮的名字——金林水乡。

金林，人杰地灵，神秘美丽，历史悠久；金林，"寿星、金龟、蝠、鹿、鹤"五山环抱，双河欢流；金林，大小湖泊错落有致，溪水回环；金林，人文景观丰富，文化底蕴深厚；金林，民风淳朴，宜居宜游……

对故土的眷恋是人类共同而永恒的情感。"望得见山，看得见水，记得住乡愁。"习近平总书记在中央城镇化工作会议上的讲话，曾触动了多少海内外华人的怀国思乡之情。笔者正是怀着对故土的眷恋和挚爱，积极地参与了金林水乡景区的建设。在挖掘打造景区旅游文化的同时，家乡那深厚的历史文化底蕴和一个个鲜活的人文故事，不时地撞击着自己稚嫩而赤诚的心。

"爬格子"写文章，应是"笔描天下事，胸藏古今情"的才人所为。笔者出身寒微，才疏学浅，本来愧不敢当，却被委以打造景区旅游文化之重任，大概是上级有关领导"事急马行田"，来了个"乱点鸳鸯谱"所致吧。面对上级的信任和乡亲的期望，笔者顾不得许多，便在班门弄起斧来。谁知，景区开线迎客后，场面火爆，各界反响热烈，本人的工作亦得到了大家的认可。

担任县旅游景区顾问十多年来，笔者在应付媒体的采访和回答游客的提问时，一边学写景点解说词，一边收集整理成作，不知不觉中，已近乎百篇。其中不少篇目，还先后在《西江日报》《西江都市报》《肇庆作家》和《西江潮》等报纸、杂志上发表。为此，县委宣传部前副部长欧清煜先生便鼓励我，将所作结集出版。

记得 2010 年，欧清煜约我到县志办公室，授意我在谈以楷和谈其藩两位前辈所写《金林史话》的基础上，展开社会调查，充实材料，编写一本村志。事后，我了解到，编写史、志类著作，责任重大，非同一般。修志是政府行为，是一种特殊的使命，需要具备良好的道德修养、丰富的历史文化知识、深厚的语言文字功底、勇于探索史实真相的精神，以及调查重访的能力。同时，"修志的目的在于用，不仅为当代人用，也为后代人用"。时任全国人大常委会副委员长的李铁映同志在全国地方志第三次工作会议上的讲话中指出："新一轮修志就是要推出一批符合时代要求，具有很高科学水平和重要文化价值、社会价值的志书，使修志真正上升为一个科学体系，把修志真正当成一门学问和艺术来做……"由此看来，志书的编撰是有其独特的原则和要求的。面对如此高的难度，笔者是力不从心的。要么，成立一个编写小组，并在上级编志办有关部门的指导下，方敢涉足。如若不然，笔者实在不敢冒欺世盗名、贻误后人的风险。对于我的推辞，欧清煜先生并没责怪于我，只是要求我不要放弃《金林文史杂记》的写作，并表示会帮我做好文稿的校对和出版等有关事宜。岂料风云不测，我的良师益友欧先生，来不及为拙作审稿，便于2013年驾鹤西去。我掩卷啜泣，痛心不已。

"身边有正能量的好朋友，真的是件特别幸福的事情。"2008年，我有幸结识了香港大学哲学博士马楚坚教授。其间，马教授不避简陋，光临寒舍，对我的文稿进行悉心的指导。他鼓励我说："写书出书不一定要有什么学历。对老人而言，写书出书是老有所学、老有所为、老有所乐的一种好形式。"他还说："写书出书不仅仅是一种对过去的回忆，对人的记录，更为后人留下有特定价值、不可多得的文字材料，而且同时能让自己的晚年精神生活丰富多彩，是一种不错的精神寄托。"他鼓励说，"老人出书，应首先摆正心态，摒弃功利和虚荣心，抱着学习的态度，把写书出书作为陶冶情操、充实生活的一种生活方式，不要一味追求为出书而出书，要争取写出有质量的好书。"至于写出有质量的好书，我虽然没有能力做到，但这是对我的一种鞭策，我当尽力而为。

在一日千里的当今社会里，往日的家园，在改革发展的浪潮下，很快会变得了无痕迹。或许几十年后，后辈将无从了解家乡的"前世今生"。于是我不揣浅陋，拿起拙笔，捡拾些残梦，以期留给后人些许的回忆和憧憬。我想，这便是我的初衷，也是我写作这本小书的主旨所在。

《金林文史杂记》的结集出版，承蒙马楚坚教授的起名、赐序和题赠墨宝。

还承蒙清华大学教授、凤凰卫视《文化大观园》节目主持人王鲁湘为拙作初名"金林水乡的传说"题词。如此，得良师扶掖之心，令我感激莫名。

在本书结集过程中，有幸得到中学语文高级教师姚福初先生的悉心指导，加快了进度，同时十分高兴得到学者谢健江先生的修饰，并得到广西南职学院谢爱强教授的荐刊，增强了出版信心。定稿付梓之际，对本书给予大力帮助的谈细育、李均阳、冯燮涛、陆仲华、江军辉、江梓荣、江裕英、龙江林、洪海亮、谢飞雄、谢庆金等先生，在此一并深表谢忱。

2019 年 3 月
于德城康州名苑